MOMO ET LOULOU

DÉJÀ PARUS

LOUISE DESJARDINS

Poésie

Silencieux lassos, Trois-Rivières, Les Écrits des Forges, 2004.

Ni vu ni connu, Montréal, La Courte Échelle, 2002. (Prix du livre M. Christie 2002, sceau d'argent)

La 2e Avenue, précédé de *Petite sensation, La minutie de l'araignée, Le marché de l'amour,* Montréal, L'Hexagone, 1995.

Poèmes faxés, Trois-Rivières, Les Écrits des Forges, 1994, en collaboration avec Jean-Paul Daoust et Mona Latif-Ghattas.

Le Désert des mots, Amay, Belgique, Le Buisson ardent, 1991.

La Catastrophe, Montréal, Éditions de la NBJ, 1985, en collaboration avec Élise Turcotte.

Les Verbes seuls, Saint-Lambert, Éditions du Noroît, 1985.

Rouges Chaudes suivi du *Journal du Népal,* Saint-Lambert, Éditions du Noroît, 1983.

Romans et nouvelles

Cœurs braisés, Montréal, Boréal, 2001.

Darling, Montréal, Leméac, 1998.

La Love, Montréal, Leméac, 1993 et BQ, 2000. (Grand Prix du Journal de Montréal et Prix des Arcades de Bologne, 1994)

Traduction

Politique de Pouvoir de Margaret Atwood, Montréal, L'Hexagone, 1995.

Biographie

Pauline Julien La Vie à mort, Montréal, Leméac, 1999.

MONA LATIF-GHATTAS

Poésie

Le Livre ailé, Laval, Éditions Trois, 2004.

Les Cantates du deuil éclairé, Laval, Éditions Trois, 1998.

Poèmes faxés, Trois-Rivières, Les Écrits des Forges, 1994, en coll. avec Jean-Paul Daoust et Louise Desjardins.

La Triste Beauté du monde, Montréal, Éditions du Noroît, 1993.

Ma chambre belge, Amay, L'Arbre à paroles, 1991.

Quarante Voiles pour un exil, Laval, Éditions Trois, 1986.

Les Chants du Karawane, Le Caire, Elias Publishing House, 1985. Version bilingue 1992.

Romans et récits

Les Filles de Sophie Barat, Montréal, Leméac, 1999.

Les Lunes de miel, récits, Montréal, Leméac, 1996.

Le Double Conte de l'exil, Montréal, Boréal, 1990.

Les Voix du jour et de la nuit, Montréal, Boréal, 1988.

Nicolas le Fils du Nil, Le Caire, Elias Publishing House, 1985. Nouvelle édition, Laval, Éditions Trois, 1999.

Traductions

Doniazade de May Telmissany, roman, traduit de l'arabe (Égypte), Sindbad/Paris, Actes Sud, 2000.

La Dernière Danse de Salomé de Mohamed Salmawy, traduit de l'arabe (Égypte), Paris, L'Harmattan, 2001.

Héliopolis de May Telmissany, roman, traduit de l'arabe (Égypte), Paris, Actes Sud, 2002.

Louise Desjardins et Mona Latif-Ghattas

MOMO ET LOULOU

les éditions du remue-ménage

Couverture : Tutti Frutti
Infographie : Folio Infographie

Catalogage avant publication de Bibliothèque et Archives Canada
Desjardins, Louise, 1943-
Momo et Loulou

ISBN 2-89091-226-4

1. Desjardins, Louise, 1943- . 2. Latif-Ghattas, Mona, 1946- .
3. Desjardins, Louise, 1943- - Famille. 4. Latif-Ghattas, Mona, 1946- .
5. Écrivains québécois - 20e siècle - Biographies. 6. Écrivains canadiens d'origine égyptienne - Québec (Province) - Biographies. .
I. Latif-Ghattas, Mona, 1946- . II. Titre.

PS8557.E782Z53 2004 C848'.5409 C2004-941400-3
PS9553.E782Z53 2004

Dépôt légal : troisième trimestre 2004
Bibliothèque nationale du Canada
Bibliothèque nationale du Québec

Les Éditions du remue-ménage
110, rue Sainte-Thérèse, bureau 501
Montréal (Québec) H2Y 1E6
Tél. : (514) 876-0097/Téléc. : (514) 876-7951
info@editions-remuemenage.qc.ca
www.editions-remuemenage.qc.ca

Les Éditions du remue-ménage bénéficient de l'aide financière de la SODEC, du ministère du Patrimoine canadien et du Conseil des Arts du Canada.

À mon petit-fils,
Mateo Bellefleur-Martinez

Loulou

À mes filleuls,
Éric Strati
Amir Latif
Térésa-Téodora Messiha
Yasmine Noujaim
Alexandra Henein

Momo

Ouverture

Un matin à Montréal

Chère Louise,

Si on s'écrivait l'enfance, question de mesurer les différences, les ressemblances de nos exils, le temps évaporé, les images sépia déjà et pourtant c'était hier... c'était hier que nous étions des petites filles grandissant aux deux bouts du monde, de ce monde que nous avons déjà, déjà bien du mal à reconnaître... Voyageons ensemble, du Caire à Noranda, du milieu à la fin du vingtième siècle, revenons dans l'espace et dans le temps, dans nos mémoires d'enfants, pour nous rappeler un à un tous les membres de nos familles tels que nous les percevions dans notre enfance, tels que le souvenir nous renvoie ceux qui nous ont aimées, ceux qui nous ont étonnées, ceux que nous n'avons connus qu'à travers les paroles de nos parents. Loulou... si on s'écrivait l'enfance avant qu'elle ne s'évapore dans le déclin de nos mémoires...

Le même soir à Noranda

Chère Mona,

Oui, oui, je me revois petite parmi mes parents, mes frères, mes grands-parents, mes oncles, mes tantes, mes cousins, mes cousines. J'aime l'idée d'avoir de nouveau toute la vie devant moi, grande et infinie comme le ciel d'Abitibi. Oui, oui, je me revois dans les années cinquante, je m'appelle Loulou, j'habite dans une petite ville minière, dans l'hiver du nord québécois, à Noranda, à six cents kilomètres de Montréal, à des milliers de kilomètres du Caire où tu es née, Momo. Je ne te connaissais pas encore à l'époque, mais nous sommes devenues des amies à Montréal, grâce à la poésie. Il y a dix ans, nous avons écrit un livre ensemble, *Poèmes faxés*, avec Jean-Paul Daoust, en utilisant le télécopieur pour nous joindre malgré l'espace. Cette fois-ci, servons-nous du courrier électronique pour jouer à *Back to the Future*! Écrivons-nous des e-mails, traquons le souvenir comme il jaillit devant l'écran, faisons comme si nous pouvions court-circuiter à la fois l'espace et le temps. Ce sera notre momo@loulou. point.comme.

PREMIÈRE PARTIE

Nos parents

Chère Loulou,

Je t'écris pour te présenter mon papa qui vient de rentrer de l'usine. Je me jette entre ses jambes et je l'entends dire « Aïe aïe ! » pendant qu'il me porte en l'air, si haut que je peux toucher le lustre de cristal mais surtout le tarbouche rouge, tu sais, le chapeau turc qui ressemble à un tube, qui recouvre sa tête et qui cache un trésor. C'est vrai, Loulou, un trésor, car dès que je le lui enlève, je peux cueillir dans les boucles noires de ses cheveux des pièces d'or... en chocolat. Il m'embrasse frénétiquement dans le cou et dit : « Ah ! le doux marché du coton ! » Sa moustache m'égratigne et je me débats pour descendre, car j'étouffe dans son odeur, il sent l'usine, le fil de soie brute qu'on y tisse, pas lui, mais les grandes machines bruyantes que les ouvriers surveillent nuit et jour. Mon papa, lui, a un bureau avec de gros fauteuils en cuir et un gros téléphone noir dans lequel il parle fort pour qu'on puisse l'entendre au bout du fil. Mais quand il rentre dans les salles des machines, il parle doucement aux ouvriers dans leur oreille en leur tapant sur l'épaule et les ouvriers lui sourient en essayant de le retenir pour qu'il ne parte pas trop vite.

Le soir, à huit heures, quand mon frère et moi sommes déjà au lit, notre cuisinier, qui s'appelle Manzoura, sert à papa son whisky avec des cacahouètes et des concombres épluchés, pendant que maman s'habille pour recevoir les amis. Il en vient presque tous les soirs après le dîner. J'aime le brouhaha des voix, l'odeur du whisky qui flotte et le rire de papa. Je sors du lit et me cache dans les plis du rideau lie-de-vin qui sépare le couloir des chambres et l'aile des réceptions. Une dame vient d'entrer. Elle est longue et ses cheveux sont courts et noir charbon. Son mari la suit avec sa tête chauve et son visage rieur, il est plus court qu'elle. Quand elle s'assoit, papa lui offre un beau coupon de crêpe de soie cyclamen. Ses yeux brillent de plaisir. La prochaine fois qu'elle viendra chez nous pour le whisky, elle sera habillée d'une robe cousue dans ce tissu. Mon papa la trouvera superbe et maman pensera que ça ne lui va pas du tout mais elle dira le contraire. Papa sort son luth oriental, le oud. Il chante une chanson d'Oum Kalsoum, la célèbre diva qu'on appelle l'Astre d'Orient. Il chante en regardant la dame. Les hommes s'extasient sur son talent, pendant que Manzoura apporte des petites assiettes pleines de bonnes choses. Les amis grignotent en buvant jusqu'au moment où tante Rosette, qui est souvent de la partie avec son mari, oncle Élias, bâille. C'est le signal du départ. C'est comme ça chez nous, tous les soirs. Car papa ne peut rester une seule minute sans qu'il y ait du monde autour de lui. Il traîne partout son secrétaire Michel, de l'usine à l'entrepôt où il écoule les coupons de soie, de l'entrepôt au chantier où il construit une usine d'extraction d'huile d'arachide, du chantier à la ville d'Alexandrie où il fait bâtir un immeuble pour l'estivage sur la Méditerranée.

Papa, là où il passe, on lui fait la fête. Partout il est reçu comme un messie, un roi. Tous ceux qui travaillent avec lui l'adorent. Pas un être dans la gêne qui n'obtienne un prêt, pas un pauvre dans la rue qui ne reçoive une aumône, pas une jolie dame qui ne reparte avec un coupon de crêpe de soie. Tu sais, Loulou, un jour, il est revenu à la maison sans son veston. C'était en plein hiver, il faisait 15 degrés, chez nous c'est froid. Il a dit à maman qu'il l'avait laissé chez le repasseur pour qu'il le défroisse. On a su plus tard qu'il l'avait donné à un pauvre qui grelottait dans la rue.

Papa ne me gronde presque jamais. Il est toujours de bonne humeur et prêt à sortir en promenade. Quelquefois il gronde mon frère mais ses yeux ruissellent de bonheur quand il le regarde, parce que c'est le garçon. Moi je ne cède pas ma place, pas du tout, et papa s'aperçoit bien de ma présence.

J'admire papa quand il parle de la révolution et de Nasser. Il vient de construire une école pour les enfants des ouvriers du quartier industriel de Choubra El Kheima où il a ses usines. Il parle aussi de construire une mosquée pour que les ouvriers puissent aller y prier. C'est un peu bizarre car nous sommes chrétiens, et j'entends souvent les invités du whisky lui dire qu'il devrait plutôt construire une église. Il leur répond que la mosquée et l'église servent à prier le même Dieu. Quelques-uns sont choqués, mais d'autres acquiescent du menton, manière de dire, sans le dire, qu'il a raison. Il parle aussi d'être candidat aux prochaines élections municipales dans la circonscription de son usine. Maman n'est pas d'accord. Mais moi je collectionne tous les feuillets de propagande qu'il imprime pour sa campagne et je l'écoute attentivement quand il lit à haute voix le discours qu'il va adresser aux ouvriers de la Cité industrielle. Je mets mon pantalon rayé que maman m'a acheté, et je le supplie de me prendre avec lui pour que j'y assiste, mais il prend mon frère et me dit que ce n'est pas la place des filles. Je suis très déçue. Je pleure et je boude. Non, je n'irai pas jouer au Club avec ma dada. Devant le grand miroir de sa chambre, je répète à haute voix le discours de papa. Maman s'irrite et me dit que ceux qui font des grimaces au miroir deviennent fous. Contrariée par toutes ces histoires, elle m'emmène dans sa voiture chez ma grand-mère Victorine. Je m'amuserai avec mes tantes et mes oncles qui sont jeunes et pas encore mariés, pendant que maman fera ses doléances à sa mère en prenant le café turc. Comme d'habitude, ma grand-mère lui répondra : « C'est un homme, laisse-le faire ce qui lui plaît. »

Le langage de papa devient de plus en plus populaire. Il parle comme ses ouvriers. Maman n'aime pas ça. Moi non plus. Au pensionnat, on surveille beaucoup notre langage. L'autre jour, maman l'a disputé parce qu'il s'est endormi à l'opéra et a même ronflé. Moi aussi, je trouve que c'est honteux et je ne suis plus aussi fière de lui. Jusqu'au jour où un homme chargé de fleurs vient sonner à notre porte. J'entends papa lui parler d'une voix chaleureuse et riante. Il revient au salon avec le gros bouquet, des larmes dans les yeux. Maman lui demande de qui viennent les fleurs. Il dit « c'est rien, c'est rien » mais il finit par raconter qu'un jour, en se rendant à l'usine, il a vu du monde attroupé autour d'un livreur de fleurs tombé de sa bicyclette, qui avait la jambe enfermée dans un plâtre souillé et qui hurlait de douleur. Il l'a embarqué dans sa voiture, l'a conduit à l'hôpital, est allé livrer les fleurs, est revenu payer le médecin avant de repartir pour l'usine. Je me suis mise à pleurer. Maman contenait son émotion en me disant de cesser de pleurnicher. Papa, lui, continuait à dire : « Mais comment a-t-il fait pour trouver mon adresse ? » Par la suite, tous les jeudis, l'homme est venu porter des fleurs. Il arrivait que ce soit moi qui lui ouvre. Il me tendait timidement le bouquet en balbutiant : « C'est pour le bey, merci. » Je portais le bouquet à Manzoura dans la cuisine. En plaçant les fleurs dans le vase cerclé d'or, il hochait la tête en disant : « Notre bey à nous, c'est un sultan. » J'étais sûre qu'il disait vrai.

Et toi, Loulou, à quelle heure rentre ton papa ?

Chère Momo,

On ne sait jamais à quelle heure arrive mon père, ni quel jour, ni quel mois. Mon papa travaille dans le bois pour la compagnie forestière Canadian International Paper, qui s'écrit CIP et qu'on prononce *si-ail-pi*. L'hiver, il part aux premières glaces pour revenir à Noranda la veille de Noël, vers dix heures. Nous l'attendons de pied ferme parce que c'est lui qui nous apporte le sapin encore tout raide et tout glacé qu'il vient de couper dans la forêt et que nous décorons en vitesse avant la messe de minuit. Ensuite, il repart après les Rois pour réapparaître juste avant le dégel, aux alentours de Pâques. Tout l'hiver nous sommes seuls avec maman qui l'attend chaque soir en faisant la vaisselle. Elle sait qu'il ne viendra pas mais, même absent, il est parmi nous, dans son fauteuil resté vide, dans le silence de la scie circulaire, dans le cœur de ma mère plein d'amour et d'espoir.

Un jour, comme ça, alors qu'on ne s'y attend pas, quand on s'amuse sagement pour une fois, il arrive. Maman est heureuse. Pendant toutes ces semaines où il était dans les bois, elle a multiplié les menaces : « Je vais dire tous vos mauvais coups à votre père ! » Mais dès qu'elle le voit, ses yeux brillent, elle avance son visage pour qu'il l'embrasse en l'appelant Honey et elle oublie de nous dénoncer. Avec nos mains, nous essayons de camoufler nos fous rires.

Mon père est un héros : il a parcouru des kilomètres et des kilomètres en raquettes dans la tempête, il a dû dormir à la belle étoile sur des branches de sapin, son autoneige a failli être engloutie dans un lac. Je m'agenouille devant lui et, pendant qu'il parle, je délace ses bottes de travail doublées de feutre épais. Ça sent le cuir, l'épinette, l'essence, la transpiration. Je vais chercher ses pantoufles pendant que ma mère continue de l'écouter en vidant le sac à dos rempli de vêtements mouillés, tout sales. L'odeur des camps forestiers, qu'on appelle chantiers, envahit la cuisine, comme si la forêt entrait chez nous. Ce sont les retrouvailles. On est heureux, mais ça ne dure pas très longtemps parce qu'on se met à bouger. Papa nous ordonne d'arrêter et maman nous supplie de nous taire parce que notre père a mal à la tête. Mais nous rions et courons de plus belle. Puis mon père éclate : « Allez vous coucher ! »

Quand je pose trop de questions ou que je discute, papa m'appelle la Suffragette. Il se fâche beaucoup contre mes frères, nous sommes sur le qui-vive. Quand papa repart pour les chantiers, je ne sais pas si c'est normal, mais je me sens un peu soulagée. Aussitôt que s'éloigne son camion, ma mère redevient reine : « Vous allez voir, quand votre père va revenir, je vais tout lui dire ! »

Parfois mon père se sent gentil et il m'appelle la Coucoune. J'adore m'asseoir sur lui pendant qu'il lit son *Northern Daily News* bien calé dans son fauteuil *lazy-boy*, en fumant sa pipe. C'est comme une image de ma *Semaine de Suzette*. Il m'autorise alors à tresser ses cheveux courts et lisses, ce qui lui donne l'air d'un porc-épic et me fait bien rire. Je roucoule quand il dit : « Continue de me peigner, la Coucoune. »

Maman trouve que mon père ressemble à un acteur de cinéma et elle n'arrête pas de le vanter : il a une belle calligraphie, il adore chanter, il sait par cœur de longs poèmes de Shakespeare. Le dimanche soir, après le souper, ma mère se met au piano et mon père chante avec elle des chansons de la Bonne Chanson, *Les Roses blanches* et *Souvenirs d'un vieillard*. Nous chantons avec eux et c'est là où je trouve mon père le plus gentil.

Même si papa connaît le nom de tous les arbres en latin, il n'en laisse rien paraître quand il parle aux entrepreneurs, ses *jobbers*, et aux bûcherons, ses *bûcheux*. Tout comme ton papa, Momo, il change sa façon de parler selon les gens avec qui il se trouve. À la maison, il aime les mots justes, bien prononcés. Il écrit avec de vrais stylos-plumes qu'il plonge cérémonieusement dans la bouteille d'encre Waterman. J'aime l'odeur amère de l'encre. Papa ne jure que par le travail bien fait, sans bavures. Mais quand il ramène un bûcheron à la maison, il ne se gêne pas pour parler moitié français, moitié anglais, poussant çà et là des jurons d'église pas piqués des vers, ce qui exaspère maman qui ne blasphème jamais.

Mon père bricole beaucoup et on peut dire, sans exagérer, qu'il veut refaire la maison en entier. Pour l'aider, ma mère tient les planches pendant qu'il les coupe et elle balaie la sciure à mesure. Elle déteste le désordre, elle aimerait bien que les travaux avancent, mais mon père n'est pas pressé du tout. Elle lui dit : « On voit bien que ce n'est pas toi qui enjamberas les planches du couloir tout l'hiver. »

Un beau dimanche, mon père nous a emmenés au lac Vaudray. Entassés tous les six dans la Dodge turquoise et blanche, nous avons roulé depuis Noranda sur un chemin forestier cahoteux. Ensuite, nous avons dû marcher trois kilomètres à travers bois avant d'arriver au bord du lac dans lequel se miraient cèdres, épinettes, pins rouges, mélèzes, trembles et bouleaux. La première chose que papa nous a dite, c'est : « Ne touchez pas aux arbres, traitez-les comme des amis. Si je vous surprends à arracher l'écorce d'un bouleau, je vais vous serrer les ouies. » Quelques heures plus tard, mon frère Pipot se faisait prendre sur le fait et mon père lui a crié, indigné : « Aimerais-tu ça, toi, que je t'arrache la peau comme tu viens de le faire à ce bouleau-là ? » Personne n'a jamais retouché à l'écorce des bouleaux.

Venu maintes fois à cet endroit, mon père avait remarqué que des sources abondantes jaillissaient près d'un ruisseau à la limite du terrain. Il nous a dit : « Il n'y a que les Indiens et les trappeurs qui sont passés par ici avant nous. On va bâtir un petit *campe* (il prononce le *p* final, comme en anglais), hein, Honey ? » Maman était plus ou moins d'accord, elle imaginait sans doute les madriers et la scie circulaire bloqués pour l'éternité dans le couloir de la maison.

Nous y allons souvent en tribu et tout le monde met la main à la pâte. Mes oncles et mon père ont commencé à défricher l'endroit où sera érigé le chalet. Avec la tronçonneuse, ils abattent d'immenses bouleaux en criant chaque fois : « Timber ! » Puis papa met sous les souches des bâtons de dynamite rapportés des chantiers. Quand nous entendons « Fire ! », nous nous jetons au sol. Boum ! Silence. Nous nous relevons pour ramasser les racines tout éparpillées.

Un soir, après avoir attendu que s'éteigne le grand feu de bois, un feu d'abattis, nous devions rentrer à la maison. Il était près de minuit et ma mère avait peur de nous perdre dans les bois. Sept enfants et six adultes, ça fait beaucoup de monde à regrouper dans le noir ! Mon père avait tout prévu : il a déroulé une longue corde qu'il nous a demandé de tenir fermement. Il a ouvert la marche dans le sentier sans même s'aider d'une lampe de poche. Nous marchions dans le silence des lucioles et nos yeux se sont habitués à l'obscurité. Mon père, qui avait sans doute deviné notre peur, a entonné *La Berceuse aux étoiles* : « La nuit, pauvres orphelins, que faites-vous dans la brume... » Entre les couplets, il disait : « Si vous voyez un ours, c'est pas grave, continuez à chanter ; un animal, c'est bien moins dangereux qu'un homme. »

Chère Loulou,

Comme c'est joli d'avoir un papa-surprise qui revient à Pâques comme s'il était le Père Noël ! Et ta maman, si gentille, qui ne vous accuse pas ! Moi, j'aime beaucoup la mienne parce qu'elle est jeune et belle et sent le parfum de la bouteille bleue qui s'appelle Soir de Paris. J'aime beaucoup maman parce que tout le monde l'admire, même ses belles-sœurs, et que ma grand-mère Mariam ne tarit pas d'éloges et dit que c'est sa belle-fille en or. J'aime beaucoup maman et je suis prête à tout pour qu'elle me fasse un compliment.

Maman veut apprendre à conduire. Papa en rit. Il s'en amuse mais au fond il admire son allant. Maman insiste. Papa lui dit en plaisantant qu'il ne peut tolérer qu'une jolie femme comme la sienne conduise dans les rues du Caire et s'expose aux taquineries des hommes qui n'ont pas l'habitude de voir une jeune femme au volant. Et puis, elle n'en a pas besoin puisqu'elle a Osta Fahmy, le chauffeur. Mais toutes les Européennes conduisent et maman se comporte souvent comme une Européenne, ce qui lui vaut des remarques de mon grand-père paternel qui est très conservateur. Papa refuse et maman boude jusqu'au dimanche suivant, au déjeuner hebdomadaire chez mes grands-parents paternels, quand le cas est soumis à l'assemblée en badinant, que mes tantes choquées s'esclaffent et que mon grand-père oppose son ferme veto. Maman est outrée de cet étalage de sa vie privée et elle nous crie parce que nous ne sommes pas encore couchés. Le lendemain, sa décision est prise. Elle demande à Osta Fahmy de lui apprendre à conduire. Très mal à l'aise, il s'exécute. Un mois plus tard, papa a la surprise d'apprendre que sa femme sait conduire. Six mois plus tard, il lui achète sa première voiture. Je suis très fière que ma mère conduise. Mes tantes en ont le souffle coupé. Et mes amies du pensionnat sont impressionnées. Ma mère est la plus moderne de toutes. Et elle se fiche des qu'en-dira-t-on. Pas de tous les qu'en-dira-t-on, de certains seulement. Sinon elle suit rigoureusement l'étiquette et nous l'impose sans tolérer de discussion. Je suis sûre que c'est une femme parfaite, maman. Tout le monde lui fait des compliments, tout le temps. Elle tient la maison de main ferme (papa est toujours ailleurs, il la laisse tout diriger), et gère son personnel et son budget sans bavures. Mon grand-père paternel la respecte pour cela.

Dimanche après la messe, nous allons quelquefois aux Pyramides. Papa et maman revêtent leurs habits d'équitation pour monter à cheval dans le désert de Sakkara. Installée sur mon âne, je regarde ma mère trotter, elle ressemble à une amazone. Je veux trotter derrière elle mais l'ânier a ordre de garder nos ânes au pas pour éviter qu'on ne tombe. Je pleure de rage. Quand elle revient, saoulée d'air frais, elle me dit qu'elle n'aime pas les pleurnicheuses et me donne en exemple mon petit frère qui, lui, n'a pas grogné. Je me sens sotte et j'avale vite mon dépit en me trouvant une raison de sourire pour réparer.

Ma mère est en constante activité. Elle ne chôme pas une seule minute. Elle se lève avec nous à six heures du matin pour s'assurer que nous avons bu notre verre de lait avant de partir pour l'école, et elle critique les mamans qui se prélassent dans leur lit jusqu'à midi en comptant sur les dadas pour s'occuper de leurs enfants. Quand elle a fini d'organiser le travail de la maison, elle prend sa voiture et va faire les courses aux quatre coins de la ville, là où l'on trouve la meilleure qualité pour le plus bas prix. Puis elle se fait un devoir de passer prendre le café chez l'une ou l'autre de mes grands-mères, ce qui leur fait un énorme plaisir. Ensuite elle va au Guézireh Sporting Club pour faire sa gymnastique ou une partie de croquet avec des amis. À deux heures, elle est de retour à la maison. C'est l'heure où on déjeune. Papa rentre de l'usine et Manzoura pose les plats sur la table mais elle lui sert elle-même son repas dans l'assiette.

Quand nous rentrons de l'école, vers cinq heures et demie, elle est toujours là. Immanquablement. Elle s'assoit pour surveiller nos devoirs, en brodant ses éternelles tapisseries de style Aubusson, qu'elle va monter sur des fauteuils Louis XV quand elle changera les meubles de ses deux salons. Elle me crie quand je plante mon devoir au beau milieu d'une phrase pour aller improviser au piano. J'adore le piano mais à mon rythme, pas à celui de madame Taliacotso, ma maîtresse, qui m'impose des exercices du Hanon que je hais, et qui pointe les notes à déchiffrer sur la partition avec sa longue baguette fine qu'elle n'hésite pas, si je suis distraite, à faire atterrir sur mes doigts. Maman me crie non seulement parce que je laisse mon devoir en plan, mais aussi parce qu'elle paie la maîtresse pour que j'apprenne à jouer au piano et non pour que je pianote des mélodies que j'invente. Elle ne me dit jamais que je suis belle, pour éviter que je ne devienne prétentieuse et elle m'embrasse rarement. J'envie mon amie Nicole, la fille unique, que ses parents passent leur temps à serrer dans leurs bras et qui a une armoire pleine de belles robes. Car chez nous, Loulou, on n'achète aux filles qu'une ou deux robes par saison, à part l'uniforme du pensionnat. Et une paire de souliers vernis pour les Fêtes. J'hérite quelquefois les robes de mes tantes, surtout celles de tante Marie-Ange. Ma mère amène à la maison Violette, la couturière, pour les mettre à ma taille. Elle dit que ce sont de beaux tissus de laine anglaise, une qualité disparue du marché. Je ne m'en plains pas, je suis très heureuse de porter les choses de tante Marie-Ange que j'adore.

J'avais sept ans quand nous avons déménagé. Nous avons quitté l'appartement où je suis née, à Daher, et nous avons loué un grand appartement à Zamalek sur le Nil. Le bateau-moteur de papa peut désormais accoster sur la rive devant notre immeuble. Quand nous partons en balade vers les chutes de Kanater, maman, l'avant-gardiste, se met en pantalon trois-quarts, ce que mes tantes n'osent pas faire. Tout le monde la regarde tant il est inusité de voir une femme circuler en pantalon. Avec ses lunettes de soleil Persol, elle ressemble alors à une vedette de cinéma. Mon grand-père paternel pense qu'elle a du culot et le lui fait sentir sournoisement, tout en l'admirant au fond. Il n'ose pas intervenir directement car papa ne tolérerait pas qu'on touche à sa femme.

Quand maman était jeune, elle allait avec son père à la fabrique de bretelles pour préparer la paie des ouvrières. À cause de son talent pour l'administration, grand-papa Jacques aurait bien voulu qu'elle fasse des études supérieures. Mais elle a été demandée en mariage à seize ans. On ne peut pas, à la fois, se marier et étudier, ça ne se fait pas.

Et toi, Loulou, combien aimes-tu ta maman?

Chère Momo,

Combien j'aime ma mère ? Je ne me pose jamais la question. Maman parle d'amour, chante des chansons d'amour, mais nous ne nous embrassons pas. L'amour de ma mère est dans ses tartes au sucre, dans son sourire, dans sa façon de me féliciter pour mes bonnes notes à l'école. Tout le monde aime ma mère, qui ne ressemble pas tellement à ta mère amazone avec ses pyramides, son ânier et son parfum Soir de Paris. Toutes ces choses, je ne les vois que dans les romans que j'aime lire en cachette quand les autres dorment. Ma mère aussi aime la lecture, mais elle est plus raisonnable que moi et, si elle me surprend à lire avec ma lampe de poche sous la couverture, elle dit : « Tu vas t'arracher les yeux, tu n'aurais pas de lunettes si tu faisais plus attention ! » Je ne sais pas pourquoi ma mère déteste tant les lunettes, elle trouve que ça défigure les filles. Pourtant mes frères en portent et elle ne s'en plaint pas.

Ses vêtements lui durent des années. Elle s'y connaît elle aussi en tissus et en belle coupe, tout comme ses sœurs et ma grand-mère. Elle travaille tout le temps. Je ne la vois jamais assise tranquille, sauf le soir quand elle raccommode nos vêtements ou qu'elle tricote. Elle me permet alors de regarder les poèmes d'amour qu'elle a transcrits de son écriture ronde, tout égale et penchée. Sur la couverture de son carnet noir, elle a dessiné deux chats. Pourtant elle déteste les chats. Les chiens, elle ne les aime pas non plus, mais elle accepte notre Fido de toutes les couleurs que mon père a ramené des chantiers. Moi, j'adore les chats et les chiens. On dirait que tout ce que j'aime, ma mère ne l'aime pas. Sauf le mot *zéphyr* que nous adorons toutes les deux sans réserve et qui nous fait rêver avec ses pétales de *z* et de *y*.

Ma mère collectionne des cartes postales sépia qu'elle a reçues de ses correspondants français. Des Bretons. Elle n'a jamais voyagé, sauf pour aller à Sudbury voir le roi et la reine quand elle s'est fiancée avec mon père, et aux chutes Niagara, en 1940, quand elle s'est mariée. En feuilletant ses albums, je me dis qu'un jour j'irai voir la mer, les falaises, les Paimpolaises, comme dans les chansons de Botrel qu'elle fredonne en faisant des biscuits, des tartes et des gâteaux. Maman fait de beaux desserts à tous les repas et nous les mangeons à mesure. C'est sa façon à elle de nous caresser.

Je suis sa seule fille et elle nourrit de grandes ambitions pour moi. Elle tient à ce que je prononce bien les mots, et elle me fait suivre des cours de diction chez Rachel Perron. Elle veut que je joue du piano, elle me fait suivre des cours de piano et je dois m'esquinter sur les études de Hanon, tout comme toi. Mais je n'arriverai jamais à jouer du piano aussi brillamment que ma mère. Souvent le soir, quand nous sommes tous au lit, elle joue *Polichinelle* de Rachmaninov ou *Liebestraum* de Liszt ou la *Polonaise militaire* de Chopin. Puis c'est le silence, et la musique continue de jouer dans mes oreilles.

Comme ta mère, elle prend toutes les décisions, elle est énergique, économe, et elle arrive à faire des merveilles avec peu de choses. Par exemple, mes tantes et mes oncles lui donnent de vieux vêtements dans lesquels elle nous fait des manteaux, des costumes. Elle est très minutieuse et nous répète constamment que les vêtements doivent être aussi beaux à l'envers qu'à l'endroit, à l'intérieur qu'à l'extérieur. C'est très important pour elle, la beauté à l'intérieur.

Elle est brave, même quand tout va mal. Je la sens découragée parfois, je le vois à son sourire un peu forcé. Un soir, elle avait tellement de peine qu'elle pleurait. Je ne savais pas comment la consoler et je l'ai prise par le cou. Elle s'est tout de suite dégagée : « T'inquiète pas, tout finit par s'arranger d'une manière ou d'une autre. » Quand il pleut, elle annonce le soleil, quand on manque d'argent, elle dit que nous sommes chanceux d'être en santé et quand elle se couche, j'entends sa petite toux nerveuse dans la nuit.

Comme maman s'est mariée sur le tard, elle a eu le temps de broder tout son trousseau, des nappes et des serviettes de toile fine qu'elle sort au jour de l'An quand elle reçoit la famille. C'est moi qui frotte l'argenterie et je l'aide à mettre les couverts. Nous disposons soigneusement les verres de cristal et la porcelaine sur la nappe ajourée, repassée de façon impeccable. Après les Fêtes, on range tout. Une fois par année, on a l'impression d'être riche.

Ma mère se maquille à peine, un soupçon de rouge à lèvres, et elle n'a qu'une belle robe. Elle ne se permet aucune folie, sauf quand elle fait son repassage. Pendant qu'elle chante et me raconte des histoires, elle boit du *ginger ale* et elle m'en offre aussi. Je plonge mon nez dans les piles de draps, de torchons de vaisselle et de nappes bien droites et bien égales. Elle me parle de son enfance, de la grippe espagnole qui a failli l'emporter à l'âge de quatre ans et de la mort de son père quand elle avait dix ans. Dans ma tête, je traduis « six ans et douze ans » parce que je sais qu'elle se rajeunit de deux ans.

Elle me parle aussi du temps où elle était institutrice à Notre-Dame-du-Nord, près de Ville-Marie. Elle gagnait très peu d'argent et ne touchait pas toujours son salaire. Elle avait froid dans sa petite école de rang. Heureusement que, plus tard, elle a trouvé un emploi comme secrétaire... au bureau de mon grand-père, le père de papa !

Même si elle dit qu'elle s'en fiche, je sens que ma mère aimerait qu'on ait plus d'argent. Pas pour elle-même, parce qu'elle a très peu de besoins matériels. Mais elle voudrait qu'on aille à l'université, qu'on soit très instruits et très riches plus tard. Elle nous dit tout le temps, comme pour s'en convaincre, que la chose la plus précieuse du monde, c'est l'amour. Elle ajoute : « Et puis la santé ! » Elle ne veut pas blesser papa qui se démène comme un diable pour nous faire vivre. Après la grand-messe, elle nous sert son rôti de veau qui fond dans la bouche et son gâteau des anges qui nous envoie au ciel. Elle dit : « On mange comme les riches. » On la croit sur parole.

Quand il s'agit de notre santé, elle ne regarde pas à la dépense : elle nous presse une orange fraîche tous les matins. Mais pour le reste, elle doit faire des miracles. Comment elle arrive à payer les patins, l'équipement de hockey des garçons, mes leçons de piano, cela reste un mystère. Sa santé la préoccupe, elle en parle beaucoup et elle voit souvent son médecin, le docteur Lemay, son bon Dieu. Il lui prescrit des pilules pour qu'elle puisse dormir. Comme elle s'inquiète au moindre signe de maladie, j'aime bien exagérer ma toux de temps à autre. C'est un truc que j'ai inventé pour qu'elle me gâte un peu.

Maman espère à chaque instant que papa revienne et elle nous répète tout le temps : « Sans amour on n'est rien. »

DEUXIÈME PARTIE

Nos frères et sœurs

Chère Loulou,

Même si nous habitons aux deux bouts de la terre, je crois que nos papas et nos mamans se ressemblent, malgré tout. C'est peut-être la même chose pour nos frères et sœurs. Je te présente le mien, mon seul et unique complice.

Jouez, hautbois, résonnez, musettes, mon frère est né. Le garçon béni, le mâle obligatoire pour perpétuer le Nom. Un petit bébé bleu qui a failli étouffer en naissant. Le coup de grâce à l'intérêt exclusif que me portait jusque-là toute la famille. Un petit frère que j'ai dû avoir envie de laisser à la maternité mais que depuis j'adore. La terre n'est pas assez grande pour contenir la joie de mon père et la fierté de ma mère. Il n'est pas beau du tout, il a une face ronde et brune et une grande bouche qui ressemble à celle de l'acteur comique du cinéma égyptien Ismaïl Yacine. D'ailleurs, Manzoura, notre cuisinier, l'appelle Ismaïl plutôt que Razzouk. C'est son prénom. Imposé, car c'est celui de mon grand-père paternel et il doit impérativement le porter. Un prénom lourd, vieillot et difficile à prononcer. Nous l'avons vite surnommé Rouky et tout le monde l'appelle ainsi, sauf mon grand-père qui le regarde, satisfait, un sourire liquide sur le visage, en prononçant avec un plaisir narcissique son propre prénom prolongé dans sa descendance : « Ya Razzouk, ya Razzouk ». D'ailleurs, à sa naissance, il a fait venir un artiste peintre pour ajouter à l'Arbre généalogique trônant sur le mur du grand salon une feuille dorée sur laquelle il a écrit le nom de mon frère.

À sa naissance, nous partageons la même chambre. Rouky pleurniche souvent mais il me cède tous ses jouets. Je l'adore mais c'est moi qui commande. Je n'aime pas qu'on le frappe. Si on le contrarie, il s'énerve et se met à crier, alors il reçoit une taloche de maman et même quelquefois de papa. Je n'ose pas le défendre mais, après, je m'active à le distraire pour le consoler et je trépigne pour que maman nous envoie avec dada manger un cornet de glace chez Artine.

À la distribution des prix, je rentre souvent à la maison avec rien. Lui reçoit toujours un prix d'arithmétique et un prix de dessin. Maman est fière de lui et elle me le fait bien sentir. Je suis férocement jalouse de ses prix et je les prends de sa chambre pour faire croire aux enfants de nos voisins que ce sont les miens. Rouky me laisse faire. Il me cède bien des choses. Pour lui, cela semble sans importance. Sans doute qu'il sait déjà qu'il possède quelque chose de beaucoup plus précieux, que je ne pourrai jamais lui prendre : son titre de mâle porteur du Nom.

Tous les étés, nous partons en vacances à la mer pour trois mois. Cette veille de départ est un moment de grande complicité entre Rouky et moi. Pendant que le personnel emballe les dizaines d'objets utilitaires que nous allons emporter à Ras El Bar, nous courons pieds nus dans la maison en chantant à tue-tête une chanson arabe qui passe souvent à la radio en été : « Demain nous partons en voyage, demain, demain... » Nous fourrons notre nez partout et dérangeons Manzoura qui est en train de coudre avec une grosse aiguille la poche de jute qui servira à emballer les réchauds et les marmites. Notre dada s'impatiente aussi parce que nous la gênons pendant qu'elle empaquette les sacs de sucre, le baril de beurre clarifié et les poches de farine. Et maman s'énerve parce que nous sautons dans les valises sur les vêtements repassés.

Il faut que je te dise, Loulou, que Ras El Bar est un lieu d'estivage très particulier. C'est une bande de sable bordée par la mer et le Nil. Chaque printemps, on bâtit des huttes de paille et de bois, qu'on démonte à l'automne. Il y a l'eau courante mais pas d'électricité. Au coucher du soleil, l'homme des lanternes à pétrole passe dans toutes les huttes pour allumer les lanternes des chambres et celles de la rue, qui en réalité n'est qu'un couloir de sable. Il n'y a aucune voiture, elles doivent être garées à l'entrée du lieu d'estivage. Les huttes sont meublées sommairement de canapés en bois de Damiette avec des coussins fleuris que maman trouve de très mauvais goût. Et les lits sont en planches de bois dur. L'air circule à travers la paille, un filtre naturel, dit maman. On entend tout ce qui se passe dehors. Mais il ne se passe pas grand-chose, les gens sont calmes et marchent lentement dans le sable qui feutre le bruit des pas.

La veille de notre départ, le personnel prend le train, emportant les paquets utilitaires. Nous partons en voiture le lendemain. C'est le bonheur infini car, pendant trois mois, nous allons retrouver tous nos cousins dans les huttes voisines et vivre sur un mode de détente et de jeux ponctué par une petite demi-heure chaque jour pour les devoirs de vacances. Quand nous arrivons à Ras El Bar, Rouky me laisse tomber et se joint à mes cousins garçons. Leurs jeux m'intéressent plus ou moins et je tente de leur imposer les miens, mais ça ne marche pas toujours. Et comme mes cousines sont trop jeunes, je finis par quêter la compagnie d'une des filles habitant une hutte voisine. Autrement, je me retrouve assise sous le parasol avec ma mère, mes tantes, mes grands-mères et plusieurs autres dames qui estivent là, à écouter leurs conversations qui, au fond, me passionnent, et à me faire dire de temps en temps par ma mère « Va jouer avec les autres », parce que j'ai l'oreille tendue sur des conversations qui ne sont pas « de mon âge ». Ma complicité avec Rouky reprend à l'heure de la sieste car nous partageons la même chambre. Bien sûr, nous ne dormons pas, nous faisons des plans pour jouer des tours à nos cousins en chuchotant pour ne pas déranger les parents qui dorment. Ces plans, nous les mettons rarement à exécution, nous les oublions, le plaisir de les avoir imaginés nous aura suffi.

Loulou, il faut que je te raconte l'histoire de la paire de vases chinois qui trônaient près des colonnes dans l'enfilade de salons chez mon grand-père paternel. Je dois te la raconter parce que je ne sais pas comment mon frère a fait pour avaler cette injustice. C'est un dimanche, jour du déjeuner familial. Seize petits-enfants que nous sommes, âgés entre six mois et dix ans, parsemés dans les chambres du grand appartement et sur la terrasse. Un seul des quatre salons est ouvert, les autres sont fermés par des portes françaises. Les parents bavardent et nous, nous courons de la terrasse au salon, à la salle à manger, à la cuisine, un va-et-vient affolant. Ce dimanche, ma grand-mère a invité une de ses parentes éloignées avec son fils qui a deux ou trois ans de plus que nous. Nous aimons bien ce garçon que nous rencontrons à l'occasion. Après le déjeuner, nous sortons jouer sur la terrasse avec le ballon de football. Mon grand-père se retire dans sa chambre pour faire la sieste. Nos parents se glissent par groupes dans les chambres à coucher et s'étendent sur les lits pour se reposer en bavardant. Voilà que notre ami, l'invité, incite mon frère et mes cousins à aller jouer au ballon dans les salons fermés plutôt que sur la terrasse où il fait très chaud. Mon frère hésite car nous savons bien que c'est strictement défendu. Mais y a-t-il rien de plus fascinant que le défendu ? Et pourquoi pas, au fond... si nous nous faisons engueuler, nous pourrons toujours dire que c'est l'invité qui nous y a entraînés. Les deux vases chinois mesurent plus d'un mètre et demi, ils sont plus hauts que nous. D'abord, nous lançons le ballon avec beaucoup de soin et nous nous mettons à deux pour le rattraper avant qu'il n'atteigne un meuble ou un bibelot. Puis, l'invité le shoote avec son pied en direction de mon frère qui est près du vase. Le vase tombe sur le pied de Rouky et se brise en mille morceaux.

Au son du fracas, toutes les mamans accourent. Mon frère pleure, il a mal au pied. Nous sommes catastrophés. Nous parlons tous à la fois. Le pauvre invité, terrorisé, se disculpe en disant qu'il a été lui-même poussé par le cousin et chacun met la faute sur l'autre. Ma grand-mère entre et manque de s'évanouir devant l'ampleur de la catastrophe. Que dirons-nous à grand-père quand il se sera réveillé de sa sieste ? En l'absence de coupable, il va déverser sa colère sur ma grand-mère, tout le monde le sait. Les mamans se consultent et il est décidé qu'on mettra la faute sur mon frère, le favori porteur du Nom, et que mon père assumera les frais de réparation de l'inestimable objet. Mon frère est furieux et il a mal au pied. On lui met une compresse au vinaigre et on finit par le convaincre qu'il serait charitable de sa part de sauver la situation. Il finit par se calmer, mais continue à dire tout haut : « Pourquoi moi, pourquoi moi ? » Je suis plus enragée que lui de l'injustice qu'il vient de subir, en même temps, j'ai pitié de ma grand-mère. Quand nous rentrons à la maison, je donne à Rouky mon jeu de dominos qu'il convoite depuis longtemps. Je ne sais pas si ça l'a consolé. Moi, j'ai fait des cauchemars toute la nuit.

Rouky est mon plus grand complice. Même s'il se moque de moi et dit que je suis snob. Il m'admire. Et moi, je sais que je peux compter sur lui si l'un des garçons m'attaque durant nos jeux au Club. Aussi, je l'aime comme personne.

T'arrive-t-il, Loulou, de jouer aux billes avec tes frères ? Moi, oui, et le mien me fait baver parce qu'il en gagne de très belles au Club et moi, qui vois mal, j'en perds à n'en plus finir. Je suis émerveillée devant le gros Galop, la très grosse bille pleine de couleurs qu'il a gagnée du premier coup et je l'envie terriblement. Je meurs d'avoir ce beau Galop, pièce introuvable dans les magasins du Caire car il vient d'Europe. Rouky l'a gagné à Fritz, un garçon allemand que nous rencontrons souvent au Club. Je lui ai proposé de le lui acheter à dix piastres égyptiennes, c'est-à-dire dix sous, et il a dit non. En rentrant, il l'a soigneusement caché dans son tiroir, sous les flanelles et les culottes. Je ne veux pas le voler, je veux seulement l'emprunter pour impressionner mes amies. Je décide donc de le prendre pour une journée. Au pensionnat, je l'exhibe fièrement pendant la récréation devant mes compagnes éblouies. Mais je l'exhibe aussi en classe de science et la maîtresse antipathique me le confisque. De retour à la maison, je vois Rouky qui cherche désespérément son Galop. Bien sûr, je me tais. Comme un rien l'énerve, il court chez maman et tape du pied en accusant la bonne d'avoir fouillé dans son tiroir. Maman questionne la bonne, qui se défend d'avoir touché à ce tiroir. Elle essaie de calmer mon frère, qui crie de plus belle. Papa rentre dans ce chahut et interroge mon frère qui, plutôt que de lui raconter l'histoire, lui crie au visage des mots incompréhensibles. Voilà que papa enlève sa ceinture de cuir, la fait claquer deux fois sur les dalles et lécher les pieds de Rouky, qui se rue, humilié, vers sa chambre en pleurant toutes les larmes de son corps. La lâche que je suis reste muette, n'osant broncher. La nuit, tous les cauchemars me visitent. Je cherche un moyen honorable de réparer le tort mais je ne dis toujours rien. Et Rouky ne pense pas une minute à m'accuser.

Le mois suivant, l'équipe de football du Real Madrid vient jouer un match au Caire. Au pensionnat, je suis amie avec la fille d'un diplomate d'Espagne, qui arrive un matin avec une magnifique photo en couleurs de l'équipe. Je la supplie tant et plus, lui promettant mers et mondes, qu'elle finit par accepter de me la donner. Je sais que Rouky va perdre connaissance en voyant la photo de ses incontestables idoles et que, du coup, je pourrai enfin dormir en paix. De retour à la maison, je lui montre la photo. Il se met à sauter dans la chambre en hurlant de bonheur et de surprise. Puis, comme une grande princesse, je lui dis alors que je la lui offre. Crois-moi, Loulou, il s'est agenouillé par terre pour me remercier.

Chère Momo,

Nous aussi, nous allons passer l'été au bord de l'eau, mais nous ne parlons pas de lieu d'estivage. Nous disons plutôt que nous allons au chalet. Deux de mes tantes y sont nos voisines immédiates et nous jouons avec nos cousins et nos cousines. Nous nous baignons des heures et des heures, nous grimpons dans les arbres et nous courons partout. Notre chalet, c'est mon père et mes oncles qui le construisent pendant que ma mère et mes tantes, assises dans les transatlantiques campés sur les hauteurs du terrain, surveillent nos interminables baignades.

Pipot avait déjà dix-huit mois quand je suis née, un 2 janvier, par un froid de 40 degrés sous zéro, comme me l'a souvent répété mon père. Pipot est né à Angliers, près de Ville-Marie, mais moi je suis venue au monde au moment où mes parents ont déménagé à Rouyn, qui est la ville jumelle de Noranda. Mon père travaillait comme fonctionnaire au ministère des Terres et Forêts mais cet emploi de rond-de-cuir ne lui disait rien du tout, lui qui n'aspirait qu'aux grands espaces et à la liberté.

Notre logement donnait à l'arrière du bureau de papa. En fait, ce n'était pas vraiment un bureau, c'était plutôt un garage. Pipot, qui était un amateur de moteurs de toutes sortes, se faufilait sans cesse dans le garage même s'il n'avait pas le droit d'y aller. Ses petits doigts ronds étaient si pleins de graisse et d'huile qu'on aurait dit qu'il en mangeait. Peut-être qu'il en mangeait, va savoir. Pipot est vite sur ses patins, il déjoue toute surveillance. Maman arrive à peine à le suivre, papa est trop occupé de son côté. À deux ans, il a fait reculer un camion sur une cuisinière flambant neuve que mes parents avaient dénichée de peine et misère (c'était pendant la Deuxième Guerre mondiale, imagine). Oncle Anselme, qui est arrivé juste à temps pour appliquer les freins avant que le camion fracasse autre chose, a bien ri de ce mauvais coup. La cuisinière a toujours cette marque noire que ma mère commente chaque fois qu'elle sort ses tartes du four.

Pipot prend un malin plaisir à jouer des tours, c'est plus fort que lui. Avec ses yeux pétillants et malicieux, on dirait qu'il travaille à plein temps sur une nouvelle tactique d'affrontement. Un jour que ma mère, pour se reposer, nous avait envoyés à Ville-Marie chez grand-maman Angélique, Pipot a jeté un chat dans la soupe qui mijotait. Tante Noirette, qui restait avec grand-maman, a raconté l'histoire à tout le monde en riant, mais mon père, quand il est revenu nous chercher, n'a pas trouvé drôle du tout cette nouvelle étourderie de mon frère.

Pipot est un vrai gars qui déteste toutes les affaires de filles. Pour lui, les filles sont des « femelles » et, comme je suis sa cible préférée, dès que j'ai appris à parler, j'ai appris, grâce à ses bons soins, que j'étais une petite « femelle ». Pipot me ramène les mauvaises blagues de la rue qu'il me raconte contre mon gré. Pas question de jouer aux billes avec lui ou à quoi que ce soit : il me déteste et je le déteste, c'est kif-kif. Je ne cesse de me venger de lui en rapportant tout à ma mère et il m'appelle « la bavasseuse ». Ma seule défense, ma seule mission, c'est de le dénoncer chaque fois qu'il me donne une pichenette ou qu'il me tire les tresses. Je crie plus fort que nécessaire et j'attise son exaspération. « Femmelette, femmelette », dit-il en se sauvant. Je réponds : « Hommelette, hommelette ! »

Parfois j'hésite à moucharder parce que mon père le réprimande sévèrement, lui donne des fessées, comme tous les pères le font quand les enfants n'obéissent pas au doigt et à l'œil. Pipot ne se laisse pas impressionner parce qu'il recommence sans cesse ses bêtises. Quand il se fait crier par la tête, je me bouche les oreilles et je cours dans ma chambre sous mon lit pour me tenir hors de portée. Pipot nous sert de cobaye. Il attrape toutes les punitions et alimente les conversations avec ses aventures qui tournent parfois au vinaigre : il a démonté un moteur sans pouvoir le remonter, il a cassé ses lunettes en jouant au hockey, il a brisé une fenêtre en jouant au baseball. Un jour, quand mes parents étaient à la messe, il m'a donné un coup de poing au ventre qui m'a fait perdre connaissance. Aidé de Toutou, il m'a traînée dehors dans la neige et quand j'ai retrouvé mes esprits, tu aurais dû les voir penchés vers moi me suppliant : « Ne meurs pas, Loulou, ne meurs pas ! » Et c'est comme ça que j'ai su que mes frères m'aimaient malgré tout.

Tous les samedis soir, Pipot se colle l'oreille à la radio pour écouter la partie de hockey et il nous interdit de prononcer le moindre mot. Quand l'animateur crie « Il lance et compte ! », Pipot crie à son tour, se lève et il est si content qu'il nous donne des petits coups de poing pour que nous participions à son bonheur. Il se pense très rigolo et très fort. C'est vrai qu'il est un as du nom des capitales du monde entier et qu'il joue merveilleusement de la clarinette. Il collectionne des timbres qu'il disperse partout dans la maison et il nous tient sur le qui-vive quand il en perd un. Maman rouspète contre les timbres qui traînent, le bruit de la clarinette et les jambières de hockey placées en travers des souliers dans le placard. Heureusement qu'il a plein d'amis et qu'il est presque toujours dehors, ça nous permet de respirer un peu.

Mais Pipot a bon cœur et il est débrouillard, c'est ce que maman répète en ajoutant chaque fois : « Et il est bien intelligent ! »

Chère Loulou,

Voici une histoire de petite sœur. Un jour, Liliane, la fille de tante Angèle, notre voisine de l'étage du dessus, vient nous chercher, mon frère et moi, pour nous garder chez elle. Il y a quelque chose d'étrange qui se passe dans notre maison. Liliane est très gentille, elle a treize ans et je l'aime beaucoup. D'abord, tante Angèle nous donne un goûter délicieux et puis Liliane nous fait jouer au balcon avec un bateau en acier dans lequel elle plante une bougie qu'elle allume. C'est le crépuscule, et la lumière de la bougie crée une atmosphère inquiétante. C'est beau, mais je n'aime pas le crépuscule. Mon frère commence à pleurnicher car il veut descendre à la maison, mais Liliane ne veut pas qu'on rentre chez nous. Je fais la brave et je dis que mon frère est un bébé de cinq ans. J'en ai six, moi, et je voudrais bien aussi redescendre chez nous, mais je sens que ce n'est pas possible, alors j'attends patiemment avec Liliane en regardant la bougie plantée dans le bateau. Enfin, à neuf heures du soir, papa monte nous chercher avec un grand sourire. Il y a une surprise à la maison. Nous dévalons l'escalier et nous nous précipitons dans la chambre de maman. Elle est couchée dans son lit et elle sourit en relevant délicatement le drap brodé, disant : « Il faut regarder sans toucher. » C'est ma sœur Sonia qui vient de naître. Elle a une tignasse noire et un visage rouge bouffi. Maman avait décidé d'accoucher à la maison. Sonia pleure souvent et sourit rarement. On aimerait bien la porter dans nos bras, mais comme elle hurle dès que quelqu'un d'autre que maman ou sa dada la prend, on renonce.

Deux ans plus tard, nous sommes chez grand-maman Victorine. Je joue avec mon oncle Rafik, qui a quinze ans. Soudain, j'entends ma mère pousser des cris. La dada qui s'occupe de ma petite sœur Sonia se frappe le visage. Je sors en courant avec Rafik et je vois que le tiroir de la coiffeuse de ma tante Joséphine est ouvert. La dada hurle : « Elle a avalé de ça » en montrant une bouteille d'acétone. Ma grand-mère crie : « Vite à l'hôpital ! » Et puis tout se calme et je me retrouve seule dans la maison avec mon frère et mon oncle Rafik, tous les trois ahuris. Rafik sort au balcon et appelle Ahmed le vendeur de coca-cola qui tient un petit kiosque dans la rue sous l'immeuble de ma grand-mère. Il lui demande trois bouteilles de coca-cola bien froides. Puis il va chercher le panier de rotin à l'anse duquel est nouée une longue corde et il le fait descendre par le balcon. Le vendeur y dépose les bouteilles et Rafik fait remonter le panier en tirant la corde. Le goût frais du coca-cola et le plaisir d'en boire nous fait oublier un peu le drame auquel nous venons d'assister. Mais nous avons quand même un sentiment de malaise profond.

Le lendemain, on nous dit que notre petite sœur est à l'hôpital. Le surlendemain, beaucoup de monde vient à la maison pour embrasser maman qui est assise dans un fauteuil du salon et qui pleure. Personne n'est vêtu de noir, alors je ne comprends pas que ma petite sœur est morte. Je me raconte des histoires pendant quelques jours. Et puis un matin, au pensionnat, la Mère me prend à la chapelle et me dit avec douceur qu'il faut prier pour ma petite sœur Sonia qui est partie au ciel et qui est devenue un ange.

Chère Momo,

Que c'est triste, Momo, cette petite sœur qui arrive et repart tout de suite. Moi, j'aimerais tellement avoir une sœur, mais je n'en ai pas, je n'ai qu'une bande de frères qui me fuient comme la peste. Toutou, mon deuxième frère, est tout de même moins tranchant que Pipot à propos des filles, mais il a peur lui aussi d'avoir l'air femelle s'il me prend la main. Toutou est tombé dans la potion magique de l'affection dès sa naissance. Il a un an et demi de moins que moi et tout le monde l'adore. C'est mon bébé, ma poupée vivante, mon gros chat ronronnant, et tout va pour le mieux dans le meilleur des mondes entre nous. Mes tantes veulent le bercer, surtout ma tante Noirette. Même ma grand-mère Adèle, qui est plutôt avare de compliments, n'arrête pas de dire que Toutou est le plus beau. Et elle ajoute, par souci d'équité : « Mais toi, Loulou, tu es propre. » Venant de ma grand-mère Adèle, c'est un compliment parce que, pour elle, la propreté est la mère de toutes les vertus.

Quand nous jouions au docteur, Toutou était le patient idéal. Quand nous jouions à l'école, il était un élève modèle. Dans notre grand couloir, parmi les planches et les outils, j'alignais deux ou trois chaises, dont l'une était occupée par Toutou et les autres par de vrais toutous, oursons en peluche, et des poupées. Ensuite, je donnais des cours de rien du tout puisque je n'étais encore jamais allée à l'école. Toutou écoutait docilement ou bien il jouait avec une petite auto en faisant des vroum vroum ou bien il s'endormait. Il a le sommeil facile, contrairement à moi qui ai peur de la nuit, des fenêtres givrées, des clous qui fendent à cause du froid intense, du feu, des quarante voleurs, de Barbe-Bleue.

Toutou sait faire durer les moindres petits plaisirs, ce que Pipot et moi n'arrivons pas à faire. Par exemple, quand nous recevons des chocolats Glossets, eh bien, Pipot et moi, nous les mangeons tout d'une traite. Toutou ne fait pas comme nous, il prend le temps d'agiter la boîte comme si c'était des maracas et il ne l'ouvre que lorsque nous avons vidé la nôtre. Puis, nous regardant dans les yeux, il plonge ses doigts dans la boîte, prend un chocolat, ferme les yeux et le laisse fondre dans sa bouche avant de mastiquer longuement le raisin à l'intérieur. Nous salivons, mais il ne bronche pas et va ensuite enfouir la boîte dans son tiroir parmi ses chaussettes. Chaque jour, pendant une semaine ou deux, il ressort la boîte, se plante devant nous, joue des maracas et recommence sa dégustation. C'est le seul moment où nous nous accordons, Pipot et moi, pour trouver qu'il exagère.

Un jour que nous cueillions des quenouilles dans les fossés de résidus miniers près des voies ferrées, j'ai supplié Toutou de me raccompagner à la maison. Ça l'a énervé, il m'a ordonné de le laisser seul pour continuer sa cueillette. J'ai vraiment trop insisté, je crois. Il s'est fâché et, brandissant son couteau de poche, il m'a frappée au poignet droit, là où les gens se font une entaille quand ils veulent se suicider. Le sang giclait, Toutou pleurait, je criais comme une désespérée. Il m'a raccompagnée en marmonnant : « Ne dis rien à maman, je n'ai pas fait exprès. » La reine des bavasseuses que je suis s'est empressée de tout révéler, évidemment. C'était l'heure du souper, maman était très occupée, elle a grondé un peu Toutou et elle est aussitôt retournée à ses plats : « Attendez que votre père... » Elle n'a même pas fini sa phrase.

Toutou a le sens du commerce. Dans la cour rocailleuse de notre maison, il s'est construit un petit magasin. Il est le président-directeur général de Toutou limonade et cie, et je suis son assistante. C'est moi qui fabrique la limonade qu'il vend derrière son comptoir de caisses d'oranges et dont il garde toutes les recettes. Toutou est le plus riche de nous tous, il ne gaspille pas son argent pour s'acheter des boules noires ou des Polar Bars, ces délicieux sandwiches de glace à la vanille enrobés de chocolat. Il accumule ses sous dans son tiroir, tout près de ses Glossets et de ses chaussettes, et il les sort seulement pour s'acheter des crayons à colorier Prismacolor qui nous font baver d'envie. Maman dit qu'il a le sens des affaires, comme son père, notre grand-papa Onésime.

Chère Loulou,

Moi aussi, j'ai une poupée vivante, mais ce n'est pas un garçon comme ton frère Toutou, c'est une fille. Ma sœur Chérine nous est arrivée deux ans après la mort de Sonia. Elle est aussi mon joujou, je l'adore. Nous étions déjà installés dans l'appartement sur le Nil. Sa venue a ramené le sourire de ma mère, qui avait souvent le regard ailleurs. Chérine est un poupon magnifique au visage rond comme la lune, aux yeux bruns qui sourient tout le temps, garnis de cils tellement longs qu'elle semble maquillée, avec des joues rosées et juteuses comme les pommes qu'on nous envoie quelquefois des montagnes du Liban. Quand je rentre du pensionnat, je lance mon cartable dans l'entrée et je me précipite dans la chambre à coucher de maman où son berceau est dressé. Je me jette sur elle et je la dévore de baisers dans le cou, pendant que sa dada tente de me l'arracher en disant que je vais l'étouffer et que maman me crie parce que je ne me suis pas lavé les mains avant de toucher au bébé. Mon frère fait la même chose en rentrant du collège et reçoit les mêmes remontrances. Chérine est un bébé irrésistible. J'ai hâte qu'elle ait six mois car maman m'a promis qu'elle mettra alors son petit lit dans ma chambre. Je suis très fière, et je me sens déjà responsable d'elle.

Titine, c'est ainsi que nous la surnommons, pleure très peu. Nous ne perdons rien pour attendre car, dès l'âge de deux ans, elle pleurnichera pour un rien et nous cassera les oreilles, de sorte que Rouky la surnommera « Titine la grincheuse ».

Tout le monde s'accorde à dire que Titine est vraiment une enfant adorable. Moi, je la fascine avec les histoires abracadabrantes que je lui raconte et auxquelles elle ne comprend rien mais qu'elle semble écouter avec grand intérêt. Je lui fais remarquer aussi le chant du rossignol qui loge dans l'arbre près de notre fenêtre et qui chante, immanquablement, tous les soirs. Je lui dis : « Titine, écoute, c'est le chant du Karawane. »

Titine m'admire sans réserve mais ne cherche pas à m'imiter, elle a sa petite vie indépendante. C'est une artiste dans l'âme. À trois ans, elle a déjà des doigts de fée. Elle confectionne des vêtements pour ses poupées et toutes sortes de petits objets magnifiques avec des riens. Pendant des heures, on ne l'entend pas. Maman s'inquiète alors et l'appelle. On la trouve assise devant son placard ouvert, absorbée dans son monde imaginaire, créant une petite marionnette avec du fil à tricot.

Maman a décidé d'envoyer Chérine à l'école maternelle chez les sœurs franciscaines de langue anglaise plutôt qu'avec moi au Sacré-Cœur. Le matin, quand nous attendons nos autobus respectifs, alors que j'ai l'air d'un corbeau dans mon uniforme sombre bleu marine, elle, avec son petit tablier à carreaux rose et blanc, ressemble à une fleurette inédite qui a percé l'asphalte du trottoir. Pourtant elle a fait baver sa dada pour s'extirper du lit, elle déteste se lever tôt et maman doit la bousculer pour qu'elle ne rate pas l'autobus. Elle veut vivre à son rythme et tout ce qu'on lui impose l'indispose. Aussi est-elle souvent en révolte contre Sister Mary et les autres maîtresses qui tentent de l'éduquer dans un carcan dont elle cherche à se défaire. Dès qu'elle rentre à la maison, elle se réfugie devant son armoire ouverte. Et quand maman l'appelle pour qu'elle étudie son alphabet ou son calcul, elle fait la sourde oreille et ne répond pas. Il faut alors aller la cueillir par les épaules et subir sa mauvaise humeur pour avoir été extraite brutalement de son monde privilégié, le monde merveilleux de l'art.

Tu vas rire de moi, Loulou, mais il y a des nuits où je me réveille en sursaut parce que j'ai peur du noir. C'est que dada a oublié d'allumer la veilleuse au-dessus de la porte de notre chambre. Je me précipite dans le lit de Titine et je me serre contre elle. Elle dort comme un ange et, tout en dormant, elle met son petit bras sur moi comme pour me dire : « N'aie pas peur, je suis là. » Je me sens alors en sécurité et je me rendors.

Chère Momo,

Mon petit frère Willie est aussi un grand rêveur. Je me rappelle très bien sa naissance, tout comme toi tu te souviens de celle de Chérine. J'avais cinq ans. Tante Marthe habitait chez nous pour aider maman au cas où il y aurait une urgence parce que mon père était encore parti dans les bois. Personne ne savait que maman attendait un bébé, ni Toutou, ni Pipot, ni moi. Imagine, je ne m'étais même pas rendu compte que le ventre de maman avait grossi. Par la suite, mon père a raconté mille fois comment il a appris la naissance de Willie, le 16 mars : quelqu'un de la CIP lui a annoncé par radio « You've got a small Saint Patrick ».

Toutou et moi, nous nous faisions garder à Duparquet, à 60 kilomètres de Noranda, chez ma tante Colette. C'était la première fois de ma vie que ma mère me téléphonait et tout de suite elle a raconté une histoire autour du nom de mon petit frère : « Il va s'appeler Willie, en l'honneur de William Tell. Il nous sortira de notre petite vie. » J'étais bien déçue de ne pas avoir de sœur et je ne comprenais rien à la petite vie. J'étais si heureuse à Duparquet que je me sentais déchirée entre mon désir de voir Willie et mon bonheur de me faire chouchouter par tante Colette. Surtout qu'elle me laissait tresser ses longs cheveux lourds des heures et des heures. Sa maison me semblait un château avec ses miroirs à dorures, ses divans profonds, ses tapis de Turquie, ses nombreux livres, son chat angora et Carlo, son bullmastiff qui bavait beaucoup.

Au bout d'un mois, quand mon père est venu nous chercher, Toutou et moi, c'était la nuit. Il y avait encore beaucoup de neige, il faisait froid et les fenêtres de la jeep étaient toutes givrées. Pendant que mon père conduisait, je n'arrêtais pas de parler de la lune avec ma voix haut perchée. Mon père m'a sommée de me taire, ce que j'ai fait. Excitée à la pensée de voir mon nouveau petit frère, j'ai combattu le sommeil tant que j'ai pu. Peine perdue, j'ai fini par m'endormir.

À deux ans, Willie se promène partout dans la rue avec son tricycle *kiddy-car* et maman, qui est débordée par la cuisine, la couture, la lessive, le ménage et le téléphone, le laisse aller où il veut, pourvu qu'il revienne à la maison à l'heure des repas et du coucher. Willie est muni d'une sorte de radar intérieur qui lui permet de toujours se pointer à temps. Il est si petit qu'il ne peut atteindre les pédales de son *kiddy-car*, mais qu'à cela ne tienne, il se sert du bout de ses *running shoes* qu'il use à un rythme effarant. « C'est son seul défaut », dit ma mère.

Quand mes parents vont à la messe du soir le dimanche, ils nous laissent seuls, comptant sur moi pour que je rapporte tous les mauvais coups. Dès qu'ils partent, je deviens la soldate qui protège le petit Willie contre les assauts de Pipot et de Toutou. Le pauvre Willie leur sert de cible et moi je deviens son bouclier. Un soir de grand jeu, nous avons esquivé la patère qui a percuté le piano, mais cette fois, je n'ai rien dit à mes parents. Nous avons placé des partitions devant la marque pour que maman ne s'aperçoive de rien, elle qui aimait tellement son piano. Évidemment, j'ai fini par vendre la mèche, et mon père s'est emparé d'une autre histoire à raconter pour l'éternité.

En l'absence de maman et papa, Willie et moi, nous servons de gardiens de but à chaque bout du couloir, pendant que Toutou et Pipot lancent la rondelle au mur en essayant d'éviter les matériaux de construction. Ensuite, tous ensemble, nous fouillons dans les tiroirs de maman à la recherche de chocolats ou de petits secrets. Au moindre bruit de moteur, on tend l'oreille, on arrête tout et, quand on reconnaît la jeep de papa, on court comme des fous pour tout ranger et consoler Willie qui ne comprend pas pourquoi la folie s'achève. Une promesse de bonbons, et vite il prend l'air d'un ange lui aussi.

Willie, même s'il est une bonne nature, a ses caprices. Comme il n'aime pas les petits pois, il faut en déposer trois ou quatre au milieu de ses pommes de terre en purée et lui faire croire qu'il s'agit d'œufs de pinsons. Autrement, Willie, qui n'a besoin de personne sauf de ses petites amies Doreen et Connie, cultive l'art de se faire invisible. Toujours bien propre et tiré à quatre épingles avec son nœud papillon, il a tout pour plaire aux filles et aux matantes en particulier. Et de plus, ce qui joue en sa faveur comme s'il lui en fallait davantage, il est premier de classe et sait comment parler au piano. Ma mère se rend compte qu'il a un talent fou et lui paie des cours, même s'il est un garçon. Willie n'ignore pas qu'en jouant du piano il risque de se faire traiter de tapette à l'école. Mais il est déjà un fin renard et il s'arrange pour être discret. N'empêche que son talent sort au grand jour quand il gagne un concours de musique à Timmins et qu'on voit son nom dans le *Northern Daily News* de papa.

TROISIÈME PARTIE

Nos grands-parents

Chère Loulou,

Je te présente grand-papa Jacques, le père de maman, qu'on appelle guédo Jacques. Il est peu ambitieux, peu prospère, mais très cultivé. J'entends souvent dire qu'il n'est pas chanceux en affaires et que c'est un savant manqué. Sa tête est toute blanche ainsi que ses sourcils et il y a même à l'intérieur de ses oreilles roses des poils blancs que je tire quelquefois. Quand j'arrive dans l'appartement de la rue Ramsès, je cours d'abord vers la chambre du fond où habitent ma tante Irène et mon oncle Rafik. Au bout d'un court moment, j'entends la voix de guédo Jacques et le frottement de ses pantoufles de cuir sur le parquet. Il arrive vers moi avec son pyjama rayé, ses épaisses lunettes et ses mains tendues: « Où sont les illustres visiteurs ? » Il me soulève et m'embrasse avec sa barbe mal rasée qui m'égratigne et sa moustache blanche qui me chatouille le cou. Je quitte mes jeux pour répondre à ses questions sur mes performances scolaires. C'est le seul sujet que guédo Jacques aborde avec nous, le seul qui l'intéresse. Puis il repart vers sa chambre à coucher en traînant ses pantoufles et va se rasseoir à son petit bureau en bois clair face au mur tout près de la porte du balcon, et il oublie notre présence. Il reprend sa lecture du journal ou son cahier des comptes.

Soudain, j'entends résonner sa voix dans la maison. Il crie à ma grand-mère, parce qu'il aime crier de temps en temps, s'en prendre à quelqu'un, sans véritable raison. Nous suspendons nos jeux et nous écoutons sa voix en riant tout bas, et mon oncle Rafik s'esclaffe : « Tiens, le voilà qui recommence. » Ma grand-mère attend qu'il finisse de déverser ses phrases et elle dit calmement : « Jacques, ça faisait longtemps qu'on n'avait pas entendu ta voix d'opéra. » Ce qui a pour effet de clore le concert. Un peu plus tard, quand elle lui adresse à nouveau la parole, il ne lui répond pas. Alors maman nous envoie le dérider. Nous entrons dans sa chambre et nous le chatouillons dans le cou. Il se retourne et nous accueille avec chaleur, « Ahlan Wa Sahlan », c'est-à-dire « bienvenue », en s'efforçant de sourire. Je lui demande un crayon, une gomme ou une plume à encre. Il me les donne volontiers en me disant de ne pas les perdre à l'école. L'atmosphère se détend et nous retournons jouer dans la chambre du fond. Enfin, maman s'enferme avec lui dans la chambre et lui reproche son attitude avec ma grand-mère. Je le sais car, dès qu'une porte de chambre est fermée, on se précipite pour écouter et regarder par le trou de la serrure. Chez grand-papa, il y a des vraies serrures aux portes et des grosses clés. On peut voir bien des choses à travers le trou. Maman lui parle poliment mais énergiquement. Il se plaint de toutes sortes de choses, surtout de son travail qui marche mal. Il a une petite fabrique de bretelles dans le quartier de Mouski et ça ne va pas trop bien. Il écoute ce que maman lui dit. C'est sa fille préférée, il l'admire et accepte tout d'elle.

J'ai environ huit ans quand guédo Jacques décide de fermer sa fabrique et d'aller travailler comme comptable, je crois, pour une compagnie suisse qui a un bureau au Caire. Un jour, la compagnie lui propose un superbe poste en Suisse. Mais il le refuse. Comme le dit souvent ma grand-mère, il n'a pas d'ambition. Ou bien il en a d'autres que celles que le destin lui offre. Pour moi, guédo Jacques est le plus intelligent des hommes. Il est plus cultivé que guédo

Razzouk et il parle très bien le français et l'anglais. Et il lit tout le temps. Maman est fière de son père. Elle nous raconte que, dans les années trente, il les a laissées seules avec ma grand-mère pour aller faire un diplôme en textile à Lyon. C'était l'année de l'Exposition universelle. De là, il leur a envoyé une chose tout à fait inédite, un message de sa propre voix gravé sur un disque. Elle nous le cite aussi en exemple quand nos notes ne sont pas assez bonnes. Elle nous rapporte qu'il a été premier de sa promotion au bachot dans toute l'Égypte. Elle ajoute avec regret qu'il aurait dû aller à l'université. Quand il a voulu se marier, il est retourné en Syrie chercher une fille de sa ville natale, ma grand-mère Victorine, troisième de sept filles. C'était la coutume, et quand maman bavarde avec ses sœurs, elles font à ce propos des commentaires à mi-voix dont je saisis quelquefois des bribes : «Je ne sais pas pourquoi maman a accepté de l'épouser, il ne lui convient pas vraiment.» Mais elles s'avisent que j'écoute, alors elles disent tout haut : «Tu aimes grand-maman autant que grand-papa, n'est-ce pas, Momo ?»

Guédo Jacques est souvent dans la lune. Je veux te raconter une scène à laquelle nous assistons souvent et qui est cause de querelles. Il arrive que grand-maman Victorine demande à guédo, le matin, avant qu'il ne parte au travail, de lui rapporter en rentrant des olives noires, des amandes, des fromages de chez l'épicier arménien, ou même des serviettes de cuisine du souk de Mouski. Neuf fois sur dix, il arrive à la maison sans le paquet demandé. Crois-tu qu'il a oublié de faire les emplettes ? Pas du tout. Il a tout acheté. Il a pris le tramway pour rentrer chez lui et il a posé les emplettes sous la banquette de bois. Distrait comme il est, il s'est mis à rêver, a manqué son arrêt de tram, est descendu rapidement pour rebrousser chemin vers la maison, et, bien sûr, a laissé le paquet sous la banquette. Ma grand-mère, qui a l'art du sarcasme, surtout quand elle s'adresse à lui, dit souvent, après s'être esclaffée et avoir bien manifesté son dépit : « Le contrôleur de tickets doit bénir Dieu à chaque fois qu'il te voit monter dans le tram, car il sait que le ciel va lui envoyer un cadeau inespéré et que nous, nous resterons sans emplettes. »

Chère Momo,

Ton grand-papa est très rigolo, il a l'air d'un artiste perdu dans les affaires. Moi, je n'ai jamais vu mon grand-père Onésime parce qu'il est mort depuis longtemps, mais je sais que, contrairement à ton guédo, le père de maman était un homme prospère et plein d'ambition. Je n'ai qu'une image de lui : la photo du faire-part de son décès qui sert de signet à ma grand-mère. Ses moustaches en ailes d'hirondelles me fascinent. Ses yeux plissés rient malgré eux, ses cheveux sont soigneusement peignés. À la douce mémoire de...

Ce que je connais le mieux de son histoire, ce sont les circonstances de sa mort, comme si le drame de sa disparition avait effacé le reste de sa vie. Maman dit toujours : « Foudroyé par une crise cardiaque. » Pourtant, c'est écrit sur le faire-part du décès : « Mort accidentellement ». Maman me raconte : « C'était un bel après-midi d'automne, il travaillait sur sa terre, sa terre qu'il avait à peine eu le temps de cultiver. » Oncle Félix l'a retrouvé face contre terre. Grand-maman Angélique, restée toute seule avec douze enfants, a vu s'éteindre ce jour-là tous ses espoirs. Il venait de faire construire la belle maison de pin de Colombie, de BC Fir, comme on dit, entourée de balcons si larges qu'on peut y courir entre les berceuses. Derrière la maison, il y a un bocage où je passe des heures à me balancer entre deux épinettes. C'est vraiment un château, cette maison dans laquelle il y a tant de pièces, d'escaliers et de fougères que l'on peut s'y perdre.

Grand-papa était à peine allé à l'école, mais il avait le sens des affaires : il avait acheté d'immenses terrains que grand-mère a vendus un à un par la suite pour nourrir et faire instruire ses enfants. Il était aussi vendeur de chevaux. Il lui fallait plusieurs jours de train de Ville-Marie à Regina, en Saskatchewan, pour aller acheter des chevaux de l'Ouest canadien qu'il revendait par la suite aux cultivateurs du Témiscamingue.

Après sa mort, grand-papa Onésime est resté le dieu tout-puissant qui revenait dans toutes les conversations. Quand il était vivant, mes tantes apprenaient le piano, étaient pensionnaires au couvent, bien vêtues. Après sa mort, tout a changé. Ma mère raconte toujours qu'elle a porté le deuil de son père pendant un an, après quoi elle a décidé qu'elle détestait les vêtements noirs, et elle n'en a plus jamais porté.

Avant d'épouser grand-mère Angélique, grand-papa Onésime avait eu une histoire d'amour avec une institutrice qui s'appelait Arthémise. Tante Colette conserve les lettres d'Arthémise, qui ressemblent à des manuscrits anciens avec des boucles dans les majuscules et des barres courbées sur les *t*. Pour me faire plaisir, tante Colette les sort précieusement, défait le ruban qui les entoure et me permet d'en transcrire une : « Saint-Guillaume, le 16 juin 1896, Monsieur, Celui qui tient entre ses mains les destinées des mortels, qui conduit comme il lui plaît, la faux par laquelle sont tranchés les plus forts liens, vient donc hélas !... d'opérer la plus douloureuse séparation. Mais je veux que ma voix parvienne jusqu'à Vous. Je veux qu'une fois encore elle murmure Votre nom. Hélas ! Je le vois que trop, les nouvelles amies l'emportent dans votre cœur sur les anciennes. Je sais bien que pour Vous, c'est une bien grande pénitence que de venir passer quelque temps auprès de moi ; mais le temps est favorable pour la pénitence. Pour moi, la plus grande mortification, c'est de ne pas vous voir. Hâtez-vous donc d'arriver ! J'attends !!! J'attends !!! J'attends !!!...... Votre anxieuse Arthémise, institutrice. P.S. Veuillez me remporter les divers écrits que je vous ai envoyés parfois. » Je ne comprends pas toutes ces phrases et ces mots choisis, mais je sens que c'est beau, et ça me donne le goût d'écrire moi aussi.

Heureusement que mon grand-père ne s'est pas laissé séduire par ces lettres si belles, qu'il a épousé ma grand-maman Angélique. Quel succès il avait auprès des femmes ! Ce n'est pas surprenant, il est si élégant sur sa photo de décès.

Chère Loulou,

Ah ! Loulou, ton grand-papa Onésime, avec ses moustaches en ailes d'hirondelles, ressemble à la photo du khédive Ismaïl, un de nos rois ottomans dans mon livre d'histoire d'Égypte. Et je crois que ma grand-maman Victorine, la mère de maman, tout comme Arthémise, l'aurait bien admiré. J'adore grand-maman Victorine, qu'on appelle téta Victorine. Je l'adore, je l'adore, je pourrais écrire mille fois que je l'adore. Elle me gave de bonnes choses et elle prend toujours ma défense quand maman me crie. Dormir chez elle est un bonheur indescriptible, parce que nous pouvons sautiller d'un lit à l'autre entre mes tantes et mes oncles. Cela nous arrive de temps à autre et, impérativement, le Mercredi saint, jour où téta Victorine, aidée de maman, fait les biscuits de Pâques. Nous plongeons nos mains dans la pâte et nous nous amusons à pétrir des petites sculptures que téta place scrupuleusement dans l'immense plateau de fer noir, près des beaux biscuits farcis aux dattes, aux noix ou au miel, dont elle a soigneusement ciselé le dessus avec une petite pince à pâte pour que ça ressemble à de la broderie. Ce grand plateau-là peut contenir une centaine de biscuits et il n'appartient pas à ma grand-mère. Elle l'emprunte au four à pain du quartier. C'est là que le marmiton va aller le porter pour faire cuire les biscuits dans le grand four. Dressée sur ses jambes fines, son tablier blanc recouvrant sa robe de soie fleurie, son chignon bien tiré, ses yeux noirs pétillants, elle aide le marmiton à placer le grand plateau au-dessus de sa tête en lui ordonnant : « Surtout, ne le fais pas pencher en marchant... Dis au boulanger de ne pas laisser rougir les biscuits... Ne laisse personne poser l'œil sur les biscuits quand ils seront sortis du four... Ne traîne pas dans la rue en rentrant. » Mon frère et moi attendons impatiemment qu'il rentre. Entre-temps, maman et grand-maman ont déjà rempli un deuxième plateau, que le marmiton emporte dès qu'il a rapporté le premier. L'odeur des biscuits flotte partout dans la maison. On n'a pas le droit d'y goûter pendant la Semaine sainte, mais grand-maman nous en glisse toujours un « pour qu'on lui dise si c'est bien cuit ».

Le Mercredi saint, maman retourne à la maison sans nous. Téta Victorine tient à ce qu'on dorme chez elle pour que le lendemain, Jeudi saint, elle puisse nous emmener à la cathédrale orthodoxe des Saints-Archanges pour la communion pascale qui se donne tôt le matin et pour laquelle nous devons être à jeun depuis minuit. Téta Victorine est orthodoxe pratiquante et guédo Jacques est catholique mais il ne pratique rien du tout. Maman est catholique comme son père, mais elle est mariée à papa qui est orthodoxe. Mon frère et moi, nous sommes donc orthodoxes mais nous allons le dimanche à la messe des catholiques avec maman. C'est une grande fierté pour ma grand-mère de nous exhiber le Jeudi saint à l'église orthodoxe et de s'assurer que nous avons fait la communion annuelle selon son rituel. Comme orthodoxes, on ne fait pas de première communion. On la reçoit le jour du baptême et ensuite on est obligé de communier une fois l'an, le Jeudi saint, sous risque de péché mortel. Nous adorons ce jour-là, car la communion est très bonne. Elle se donne dans une cuillère en or remplie de vin doux dans lequel il y a des miettes de pain. Et puis, nous retrouvons à l'église notre autre grand-mère, téta Mariam, avec mes tantes et nos cousins. Et pendant que les deux grands-mères se font des politesses, nous gambadons dans la cour de l'église. En rentrant à la maison, nous nous arrêtons chez le boulanger et ma grand-mère nous achète une *sémita*, la galette ronde au sésame que nous dégustons tout au long du chemin.

La maison de téta Victorine est située sur la grande avenue Ramsès, là où passe aussi le train. La nuit, quand le train siffle, j'imagine les voyageurs dans les wagons et je rêve de voyages. Mais ce sifflet strident qui me réveille me donne aussi l'angoisse de la nuit et je vais alors me blottir dans le lit de téta. Comme je mets du temps à me rendormir, elle me chuchote à l'oreille: «Le Seigneur est mon berger, rien ne saurait me manquer.» Le matin, quand je me réveille, elle n'est plus dans son lit. Je me prélasse dans la bonne odeur de ses draps qui sentent le savon de Naplouse. Le soleil brille déjà, et les marchands ambulants emplissent l'air de leurs appels chantés. Le coq du vendeur de volaille s'égosille et les poules caquettent. Les bruits de la rue chez ma grand-mère sont très amusants, comparé à notre rue où l'on n'entend que le ronron de la tondeuse sur le terrain de golf et, quelquefois, le bruit des sabots du cheval du prince Loutfallah, qui n'a plus de titre puisqu'il n'y a plus de roi, quand il décide de sortir de son palais tout proche pour se promener au bord du trottoir.

Grand-maman Victorine est originaire de Homs en Syrie. Maman dit que c'est une ville où les gens ont au plus haut point le sens de l'étiquette et une mentalité étriquée. Le troisième jeudi de chaque mois, c'est au tour de ma grand-mère Victorine de recevoir ses amies, les dames de la société syro-égyptienne, dont la plupart habitent le même quartier. Je suis souvent chez elle ce jeudi-là parce que nous avons demi-journée et que maman assiste, bien sûr, à la réception des dames, non seulement pour aider ma grand-mère, mais aussi pour glaner les nouvelles de la société, qu'elle va commenter avec elle durant les trois semaines qui suivront. Quand j'arrive du pensionnat, la joie dans l'âme d'être ici plutôt que chez nous, la maison sent la vanille et les sablés au fromage. Ma grand-mère a travaillé pendant trois ou quatre jours pour faire des petites confiseries sucrées et salées ainsi qu'un cake marbré qui a l'air de sortir du four mais qui se cuit sur le feu, dans une marmite en forme d'anneau qu'on appelle « la marmite palestinienne ». Je raffole de ce cake-là. Évidemment, je ne peux toucher à aucun des plats rangés et déposés sur le buffet de la salle à manger, et encore moins au cake non entamé, rond et basané avec un trou au centre. « Gare à vous ! » dit ma mère en levant haut l'index. L'odeur des pâtisseries nous taillade l'estomac. Les plats d'argent remplis de bonnes choses sont recouverts de serviettes blanches en lin pour les protéger des mouches. Ma grand-mère relève la serviette et nous glisse un biscuit au fromage, puis elle nous entraîne dans la cuisine où elle a pris soin de garder pour nous, dans une petite assiette, le fond du moule à cake, poudre de biscuits effrités que nous léchons comme des chatons affamés et qui a le goût du paradis.

Les dames arrivent à cinq heures précises, qui à pied, qui en tramway, qui avec chauffeur privé. Ma grand-mère s'affaire à les recevoir avec ce regard de soleil et cette affabilité légendaire qui fait sa réputation dans tous les salons du Caire. Les dames s'extasient sur le goût des biscuits, mon frère et moi en volons une poignée avant de courir vers la chambre du fond où l'on retrouve tante Irène qui refuse d'aller au salon parce qu'elle a la migraine. Ma grand-mère va et vient, puis envoie ma mère pour tenter de la convaincre mais sans succès. Outrée, ma grand-mère finit par lui lancer d'un ton mi-enragé mi-moqueur : « Tant pis pour toi, reste fichée dans ton lit, personne ne te verra et tu finiras vieille fille comme Soheir et Soad, les cousines de ton père. »

Vers huit heures, en rentrant de leurs commerces et bureaux, les maris viennent chercher leurs dames. Ma grand-mère a prévu le whisky, les cacahouètes et les biscuits salés. Elle ajoute une assiette d'olives et une de cornichons. Papa aussi vient nous chercher et ma grand-mère lui fait la fête. Puis, un monsieur commence à réciter un poème de Khalil Gibran. Tout le monde l'écoute et les yeux de ma grand-mère brillent de mille feux. Quand il a terminé, elle-même en déclame. Une autre dame enchaîne. C'est si beau à entendre. Guédo Jacques, qui pourtant vient à peine d'arriver, se lève et se retire discrètement dans sa chambre, signalant ainsi qu'il s'ennuie à mourir. Ma grand-mère lui lance un regard au vitriol, parce que c'est honteux de planter ainsi ses invités, mais il s'en fiche et sort quand même. L'odeur du whisky embaume la maison. Je trempe mon doigt dans le verre de papa. Maman me fait les gros yeux et grand-maman rit de mon culot. Le plaisir prend fin quand maman décrète qu'il est temps de nous coucher et nous renvoie à la maison avec dada et le chauffeur.

Certains après-midi, je m'assois devant grand-maman Victorine et je la regarde manier légèrement son aiguille à crocheter. Elle tente de m'apprendre mais je n'ai aucun talent. Tous les rideaux de la maison sont faits de ses mains. J'admire les merveilles qui sortent de ses doigts. Elle a des mains d'artiste et tous les tableaux à l'huile accrochés dans sa maison sont peints par elle ou par sa sœur Mary. Natures mortes ou paysages d'enfance, sans doute, archivés sur une toile de lin. Elle parle tout le temps avec tendresse de ses sœurs restées en Syrie. De ses six sœurs, mais aussi de son frère unique, qu'elle met sur un piédestal, bien qu'il soit en fait « un enfant gâté qui a raté sa vie », aux dires de mon grand-père. Quand guédo Jacques est particulièrement colérique, elle me chuchote à l'oreille une phrase que je ne comprends pas vraiment mais qui me donne envie de pleurer : « Qu'il est bon le pain sec que l'on mange dans la maison de son père ! Bien meilleur que l'agneau farci dans la maison de son mari. »

Chère Momo,

Contrairement à ta téta Victorine, grand-mère Angélique était une très vieille dame qui ne faisait plus beaucoup la cuisine et, même si elle est morte, je la vois toujours comme une reine-mère. Elle était grande, mince et son regard nageait dans la bonté. Elle tressait ses longs cheveux blancs et en faisait un chignon derrière sa nuque. Mes cinq tantes et ma mère l'entouraient d'attentions et disent souvent qu'elle était une sainte. Comme elle avait onze enfants vivants, elle passait environ un mois par année chez chacun d'eux. Mais parfois, surtout l'été, elle restait chez elle à Ville-Marie et nous allions lui rendre visite dans sa grande maison.

Ma mère et mes tantes vouvoyaient grand-maman, mais nous, nous tutoyons tout le monde. Grand-mère Angélique sursautait quand je la tutoyais, mais elle ne me demandait pas de la vouvoyer. La plupart de mes cousins et cousines disent *vous* même à leurs parents, ce qui m'étonne toujours.

Grand-maman Angélique vivait avec tante Noirette qui n'était pas encore mariée et, quand nous arrivions, toutes deux nous embrassaient, nous trouvaient beaux, nous posaient des questions, riaient de nos réponses et nous donnaient des petits cadeaux. Grand-mère retournait s'asseoir dans sa berceuse et parlait de l'ancien temps et de grand-papa Onésime. Elle racontait les mêmes histoires que maman, mais elle admirait encore plus grand-papa, si c'est possible. Tous les jours, ma grand-mère Angélique a parlé de son bien-aimé comme s'il était vivant, comme s'il allait revenir des champs.

Grand-maman, qui aimait parler de politique, était une partisane féroce du premier ministre Maurice Duplessis, un nationaliste conservateur un peu despote, et ses joues s'enflammaient quand mon père, un libéral, la contredisait trop sérieusement. Maman sortait alors les cartes pour faire une diversion, parce que grand-maman adorait jouer au cœur. Autrement, elle tricotait des chaussettes et elle priait, priait, priait. Je me plantais devant elle pour examiner attentivement sa peau légèrement poudrée et sa bouche toute plissée par les Notre Père qu'elle chuchotait à cœur de jour. Quand elle lisait dans son livre de prières en cuir noir doré sur tranche, ses lèvres bougeaient à peine. Son long cou blanc vibrait, entouré d'un ruban de velours noir au centre duquel un camée d'ivoire rappelait celui de la dame des boîtes de chocolats Laura Secord. Parfois, elle tournait la page en humectant son index et ses jointures violettes faisaient ressortir ses beaux ongles blancs. À cause de l'arthrite, son anneau de mariage se promenait constamment dans la phalange de son annulaire. Quand je lui demandais pourquoi elle s'habillait comme les religieuses (robe grise à plis, bas épais, souliers noirs à gros talons), elle répondait : « Je porte le deuil. »

Quand grand-mère venait passer son mois dans notre maison bondée d'enfants, encombrée d'équipements de hockey et de planches de bois dans le couloir, j'étais contente de lui prêter ma chambre. Elle avait une maladie de cœur, elle jeûnait toute l'année et ne mangeait presque pas de viande de peur de mourir. Elle avait parfois les yeux pleins d'eau et son menton tremblait quand elle parlait de certaines choses que je ne comprenais pas à propos de femmes méchantes dont les hommes étaient les victimes, surtout mes oncles. Par exemple, elle disait : « Le pauvre, il s'est fait enjôler, il a perdu la tête, depuis qu'il est avec elle, il n'est plus comme avant. » Elle, c'était l'une de mes tantes, évidemment.

Grand-maman Angélique était une bonne couturière. Elle aimait toucher les tissus, m'apprenait à les nommer : de la serge, du cachemire, du poult-de-soie. À la fin, même si sa vue était devenue bien faible, elle raccommodait encore les chaussettes de mes frères et de mon père, et on aurait dit une œuvre d'art tant elle savait harmoniser la texture et les fils de son ouvrage. Elle faisait aussi du crochet, comme ta téta, des serviettes de table en lin qu'elle agrémentait d'une dentelle savante. Par magie, le fil se transformait en bordures de taies d'oreillers, en napperons, en centres de table.

Je la questionnais sur ma mère, j'aurais voulu savoir quelle sorte de petite fille était ma mère. Mais grand-maman ne parlait que du passé ancien, énumérait les noms de ses villages d'enfance, Saint-Hugues, Saint-Bonaventure, Saint-Guillaume, qui résonnaient à mes oreilles comme *L'Angélus* de Millet accroché au mur de la cuisine au-dessus du grille-pain. Il n'y avait pas que les noms de villages, il y avait surtout les noms de personnes. Ma grand-mère pouvait parler une journée entière de sa famille, les noms se croisant et s'égrenant à l'infini. Elle pouvait même continuer le lendemain et le surlendemain sans avoir épuisé toutes les nouvelles de ses sœurs Cora, Clara, Rita et Alma.

Un dimanche, restée seule avec grand-maman qui ne pouvait aller à la messe à cause de son cœur malade, je lui ai demandé si dans son temps les gens employaient le passé simple ou le subjonctif plus-que-parfait avec des *-assiez* et des *-âtes* en accent circonflexe. Elle m'a répondu gentiment que c'étaient les notaires et les avocats qui utilisaient ces conjugaisons bizarres. Elle a ajouté: «Les gens ordinaires se contentent du passé simple et de l'imparfait.» Puis, tout à coup, elle s'est appuyé la tête contre le dossier du fauteuil en disant: «Je me sens étourdie.» Je lui ai appliqué une serviette d'eau froide sur le front, mais elle n'était plus capable de parler. Elle me regardait comme si elle ne me voyait plus. Elle ne bougeait plus. J'ai appelé l'ambulance et, quand mes parents sont revenus de la messe, elle était déjà sur la civière.

Elle est morte à l'hôpital quelques jours plus tard et on l'a exposée ensuite dans le beau salon de tante Colette, qui avait déménagé dans sa grande maison de Ville-Marie. Il y avait plein de monde et des gerbes de glaïeuls partout. On m'a assigné le sofa du salon pour dormir près de ma grand-mère. Je n'ai pas fermé l'œil de la nuit, j'avais peur qu'elle se relève et qu'elle se mette à réciter son chapelet.

Chère Loulou,

Comme tu es courageuse, Loulou, d'avoir accepté de dormir dans ce salon. Moi, j'aurais perdu connaissance. Elle est beaucoup moins douée en couture, ma grand-mère Mariam, la mère de papa, mais elle a un cœur plus vaste que la terre. Téta Mariam est la reine de nos dimanches. Le plus souvent, nous l'appelons téta Sambousek, parce qu'au déjeuner du dimanche où nous sommes tous réunis, filles, belles-filles, et toute la descendance, elle nous fait des pâtés au fromage et à la viande hachée qu'on appelle *sambousek* et que le cuisinier frit dans l'huile. Nous les aimons tant, qu'avant de passer à table, nous en avons déjà raflé quelques-uns dans la cuisine. Cette foire joyeuse qui envahit sa maison la rend si heureuse que, plutôt que de se plaindre du chahut, elle lance sur nos têtes toutes sortes de bénédictions. Téta Mariam ne parle jamais d'elle-même. Mais mon grand-père dit souvent qu'elle lui a porté chance. Quand il l'a épousée, il n'était qu'un petit commerçant de mouchoirs de tête à la douzaine. Il raconte qu'avant le jour de son mariage, il avait travaillé dur pour accumuler assez de marchandise en réserve, ce qui lui permettrait de prendre quelques jours de vacances et d'emmener sa jeune femme en voyage de noces à Alexandrie. Mais la veille du mariage, il a reçu une commande si volumineuse que toute la marchandise accumulée ne suffisait pas à la combler. Eh bien, Loulou, le lendemain de ses noces, ma grand-mère s'est levée à six heures du matin pour aider mon grand-père à teindre des mouchoirs de tête pour honorer la commande.

Grand-maman Mariam est totalement fascinée par ses belles-filles. C'est comme si elle n'en revenait pas que ses fils aient si bien choisi. Par égard pour elle qui ne parle que l'arabe, ses filles et ses belles-filles font un effort pour éviter de se parler en français, la langue de l'école. Mais elle leur dit: «Parlez en français, ne vous gênez pas, j'aime vous entendre, on dirait que vous êtes européennes.» Ce qui est un compliment, car je dois te dire, Loulou, que nous considérons les Européennes supérieures à nous. Nous les admirons et nous essayons de les imiter.

J'ai une place de choix dans le cœur de téta Mariam parce que je suis l'aînée et, en plus, la fille de papa, son chouchou. Mais elle aime aussi beaucoup les enfants de tante Marguerite qui habitent l'appartement au-dessus du sien et qui lui rendent bien des services. Ma cousine Gigi lui enfile l'aiguille et mon cousin va chez l'épicier Misbah pour lui acheter des allumettes quand elle en manque après le départ du personnel.

Il nous arrive rarement de dormir chez grand-maman Mariam. Au début de la soirée, nous nous amusons avec nos cousins. Mais au moment d'aller dormir, l'angoisse me prend et je veux rentrer chez nous. C'est que la maison est trop grande et un peu sinistre. L'horloge de mon grand-père sonne une sorte de glas aux quinze minutes. Les portes des salons sont fermées et la salle de bains est vétuste. J'ai vu un cafard se promener la nuit, et j'ai une peur bleue d'aller faire pipi. Ma grand-mère a pourtant trois serviteurs qui s'occupent de la maison. Et elle passe son temps à crier après eux pour qu'ils nettoient. Surtout quand c'est son jour de recevoir les dames et qu'elle fait ouvrir l'enfilade de salons dont il faut dépoussiérer les meubles et les tapis. Ce jour-là, elle porte sa jolie robe en faille et son énorme broche en diamant dont tout le monde parle. Ses hanches et ses bras dodus luisent sous le tissu changeant du brun au bleu marine. Son chignon est tenu par des peignes en ivoire et elle se met du rouge à joue et du *pancake*. Elle ressemble alors à ces dames de l'aristocratie turque que l'on voit dans les films égyptiens. Autrement, elle ne porte que des petites robes imprimées, à boutons et boutonnières, avec un châle de laine en hiver.

Téta Mariam est économe à la limite, mais pas avare, et elle préfère l'utile à l'agréable. Pour mon anniversaire, plutôt que de m'offrir un livre et de m'écrire un petit mot, elle me donne des flanelles en coton et des chaussettes mercerisées. D'ailleurs, je ne me souviens pas de l'avoir jamais vue avec un livre à la main. Quand maman nous dépose chez elle, le temps d'aller faire une visite de condoléances ou d'aller voir une dame à l'hôpital, on se sent un peu mal à l'aise de demander une bouteille de coca-cola. Maman nous prévient de bien nous tenir et de ne rien demander. Mais quand les enfants de tante Marguerite sont retenus en haut pour les devoirs et que nous nous ennuyons à mourir, nous finissons par céder à l'envie de lui demander une pièce d'argent pour aller acheter une gaufrette chez l'épicier Misbah. Elle plonge la main dans son soutien-gorge et sort un petit sac de lin dans lequel elle garde la monnaie. Elle nous tend une ou deux piastres, environ deux sous, en nous recommandant de ne pas les perdre en chemin et de veiller à ce que Misbah ne nous roule pas en nous donnant pour moins que la valeur de notre argent. Je grimpe chez tante Marguerite pour avertir mes cousins que nous venons de recevoir une pièce de grand-maman et que nous allons chez Misbah. Et que penses-tu qu'il arrive alors ? Ils dévalent l'escalier et entrent en trombe chez ma grand-mère, réclamant leur part. Elle leur répond en souriant : « Mais vous avez eu votre part hier ! Eux sont en visite, allez-vous-en. » Ils sortent, penauds. Mais nous décidons d'aller tous ensemble chez Misbah et de partager les sucreries. Vers la fin de l'après-midi, quand maman vient nous chercher, tante Marguerite descend chez sa mère prendre le café et faire la causette avec maman. Je l'entends alors, mi-figue mi-raisin, reprocher à ma grand-mère d'avoir rabroué ses enfants. Ma grand-mère lève les bras au ciel en souriant et marmonne des explications inaudibles. Ma mère se sent très mal à l'aise. Nous allons le payer tout à l'heure dans la voiture, lorsqu'elle va nous gronder et nous dire que nous sommes mal élevés : « De quoi j'ai l'air, moi, hein ? On dirait que vous êtes privés de tout à la maison. »

Téta Mariam vient de Homs, comme mes autres grands-parents. Elle a donc, elle aussi, le sens de la retenue, de la réserve, de ce qu'on peut montrer aux autres et de ce qu'on doit surtout cacher à la société. Elle montre alors les qualités de son mari et passe son temps à le glorifier. Elle encense aussi ses garçons en disant que ce sont les meilleurs du monde et elle souligne subtilement, avec une timidité calculée, les talents de ses filles. Et ce qu'elle cache... Dieu seul en connaît le fond.

Chère Momo,

Dans notre famille, les occasions de nous retrouver sont très rares. Comme toi, j'aimerais aller chez une grand-mère tous les dimanches, mais nous habitons trop loin de Ville-Marie, où il ne me reste qu'une grand-mère, Adèle, la mère de mon père. Par contre, maman dit que, même si on habitait juste à côté de chez ma grand-mère, elle ne lui « imposerait » pas de nous recevoir tous les dimanches. Ma grand-mère Adèle est encore jeune et pleine d'énergie et elle me fait penser à ta téta Victorine, la mère de ta maman.

Grand-maman Adèle ne s'éternise pas sur son passé mais je sais qu'elle est née à Chénéville, près de Ripon, dans l'Outaouais. C'est là qu'elle s'est mariée en 1911 avec mon grand-père Rodolphe. Par la suite, mes grands-parents paternels sont partis à Saint-Jovite, dans les Laurentides, où mon père est né. Quelques années plus tard, pendant un voyage fabuleux, la famille a déménagé à Ville-Marie, empruntant d'abord le train, seul moyen de transport vers le nord à cette époque. Puis tout le monde a pris le bateau sur la rivière des Outaouais avant de traverser le grand lac Témiscamingue à Ville-Marie.

Quand nous allons à Ville-Marie en famille, nous ne dormons pas chez grand-mère Adèle, mais plutôt chez tante Colette, la sœur de maman. Dès que je me lève, je cours dans la rue Saint-Jean-Baptiste et j'arrive à bout de souffle chez grand-mère, qui m'accueille avec le sourire, les bras ouverts. Je m'écrase dans un des fauteuils de rotin près du piano et j'écoute la grande horloge d'acajou sonner les heures parmi les fougères et les violettes africaines. Grand-mère Adèle me parle comme à une grande personne, sans ajouter de « ma petite » sur un ton gnagna comme le font d'autres adultes. Les yeux vifs et foncés derrière ses lunettes, grand-mère a l'art de la répartie aigre-douce pour dire exactement ce qu'elle veut dire, point à la ligne, ce que ma mère considère parfois comme un défaut. Mais moi, j'adore ça, c'est comme une bille qui déplace toutes les autres billes, un chien dans un jeu de quilles.

Grand-maman aimerait travailler davantage mais elle doit s'arrêter à cause de ses jambes enflées. Elle m'invite alors à m'asseoir près d'elle et nous lisons les miracles dans des revues religieuses. Elle fait aussi au crochet des couvertures afghanes de toutes les couleurs. Elle me dit que, lorsque je me marierai, elle m'en offrira une. Elle est la seule personne à dire que je vais me marier un jour.

Grand-mère Adèle est très aimée par les gens du village, qui lui apportent des paniers de fraises des champs, de bleuets, de framboises. Elle me permet de les trier avec elle et, ensuite, nous faisons des confitures. Dans son jardin de légumes, elle plante aussi des fleurs aux teintes délicates qu'elle cueille pour égayer la maison et, dès qu'elles se fanent, elle les remplace par des œillets, des pivoines, des marguerites, des phlox, selon ce qu'elle trouve dans ses plates-bandes. Elle aime les plantes et elle sait comment les faire pousser, contrairement à ma mère qui les arrose toujours trop ou pas assez.

Grand-mère Adèle ne lésine pas sur les gâteaux, les tartes, la crème fouettée, les biscuits. Tante Mimi, qui reste avec elle, aime cuisiner elle aussi, ce qui fait doubler gâteaux, tartes et biscuits. Ah! que j'aimerais habiter une maison où tout est aussi propre et bien rangé, où ça sent le pain chaud et la confiture de fraises ! Mais ce que j'aime par-dessus tout dans la maison de grand-mère, c'est la chambre de débarras à l'étage. Dans ce lieu béni, à peine plus grand qu'un garde-robe, en plus des boîtes et des valises, il y a le petit lit d'oncle Doudou quand il vient en vacances. Je me dirige tout au fond, près de la fenêtre qui donne sur le jardin, et je fais l'inventaire des bandes dessinées de Lulu et de Philomène, je tisse des cordons de laine avec un petit métier, je joue aux poupées à découper et j'habille de vraies poupées avec des robes tricotées et brodées. Je passe des heures dans ce lieu oublié d'où j'écoute les conversations du salon de coiffure de tante Mimi.

Entre Noël et le jour de l'An, nous recevons une grande boîte remplie de jolis paquets. J'ai toujours droit à deux cadeaux, l'un pour Noël, comme les autres, et l'autre, plus personnel, pour mon anniversaire au début de janvier. Du papier à lettres, des mouchoirs brodés, des savons Yardley que je conserve jalousement dans ma commode de peur que mes frères me les chipent.

J'envoie à grand-mère un mot de remerciement sur le papier qu'elle m'a offert et souvent elle prend la peine de me remercier de l'avoir remerciée. Son écriture est droite, égale, nette. Elle ne fait aucune faute d'orthographe dans ses phrases pleines d'affection et d'humour. Avec elle, j'ai l'impression d'être grande.

Chère Loulou,

Guédo Razzouk, le père de mon papa, est toujours assis dans le même fauteuil du premier salon. Nous l'appelons le pacha et nous lui baisons la main dès que nous entrons, politesse oblige. Il nous adresse un sourire et deux mots de bienvenue, les mêmes pour tous, il nous confond, je crois, nous ne sommes que le troupeau de sa glorieuse descendance. Guédo Razzouk ne nous exprime jamais son affection, mais nos parents disent qu'il a des gestes étonnants comparé aux autres chefs de famille. Il se réveille un matin et décide de faire une « distribution » à ses enfants. Il juge soudain qu'il a trop d'argent et il le partage. Un montant pour chaque garçon et, bien sûr, la moitié de la somme pour les filles puisque, chez nous, selon la coutume, une fille ne vaut qu'un demi-garçon. Tout le monde loue sa générosité, lui qui dépense avec parcimonie et qui ne donne pas à ma grand-mère de quoi vivre dans l'opulence. Mais ma grand-mère le respecte envers et contre tout. Elle l'admire et trouve qu'il a de la prestance avec son mètre et demi, augmenté jadis des vingt-cinq centimètres que lui donnait le tarbouche rouge auquel il a dû renoncer, la mort dans l'âme, depuis la révolution.

Guédo Razzouk est toujours cité en exemple par nos parents. Il est l'homme de la parfaite exactitude. Tous les matins, à huit heures trente précises, il sort de sa maison. Devant la porte, la voiture est rangée près du trottoir et le chauffeur, Osta Helmi, l'attend pour lui ouvrir la portière.

À neuf heures, il est assis à son bureau dans l'entrepôt du souk d'Al Azhar. Son secrétaire perpétuel, Anwar, commande la tasse de café turc matinale et, tout en la buvant, le pacha procède à l'examen des commandes et des livraisons de la soie et du crêpe de Chine, tissés dans les usines de mon père.

J'adore passer au magasin-bureau de guédo. Cela arrive de temps à autre quand, par un jour de congé scolaire, maman me prend avec elle pour faire certaines courses qu'on ne peut faire que dans ce quartier-là : acheter les épices, la cretonne pour faire les housses et les rideaux des terrasses, ou un bijou au marché de l'or au Khan Khalil. Le bureau de guédo Razzouk est situé dans une ruelle pas plus large qu'un corridor, de plain-pied, au beau milieu de toute cette foire bruyante et colorée. C'est une grande boutique de style ottoman qui date du XVIIIe siècle, tout en bois avec des plafonds très hauts, dix mètres ou même plus. Nous nous arrêtons pour lui dire bonjour. Il me reçoit avec une affabilité inhabituelle. Je crois qu'il est heureux de recevoir à l'improviste ses belles-filles et ses petits-enfants dans le souk, il est fier de les exhiber devant les autres commerçants. Il me prend sur ses genoux et je peux toucher à son joli buvard bordé de cuir et à sa plume à encre en bois d'ébène décorée de nacre. Pendant que maman prend avec lui un café turc, je cours au fond de l'énorme boutique et je grimpe sur les étagères remplies de rouleaux de soie multicolores. Je me drape dans les tissus et je hume l'odeur de la teinture et de l'amidon avec un énorme bonheur. Je peux grimper jusqu'à la quatrième étagère seulement, car Anwar se met alors à dire que je vais tomber et me casser la jambe, et maman m'ordonne de descendre tout de suite en me criant que c'est une honte de grimper comme un garçon avec ma robe. Je suis alors très humiliée et je déteste cet Anwar-là, mais je me console vite car guédo m'offre une bouteille de coca-cola que je m'empresse d'accepter. C'est un grand luxe, Loulou, ce n'est pas coutume chez nous de boire du coca-cola, c'est comme une faveur.

Nous sommes fiers d'être les petits-enfants de Razzouk, dit le pacha. Le dimanche des Rameaux, quand toute la famille se retrouve à l'église orthodoxe des Saints-Archanges, on nous regarde avec appréciation et mon grand-père est salué avec déférence. Groupés autour de lui, nous faisons la procession en tenant bien haut nos rameaux tressés et fleuris, qu'il nous a envoyés la veille pour l'occasion. Le jour de Pâques, il fera la tournée de toutes les maisons de la famille. Maman lui offrira un verre de liqueur et un chocolat de chez Groppi. Et il gratifiera chacun des enfants d'un billet d'une livre, comme un deux dollars, qui pour nous représente une fortune.

Certains matins, à Ras El Bar, grand-papa réunit tous les enfants dans la véranda de sa hutte autour d'un grand plat d'œufs cuits avec des tomates et de la coriandre. Il l'a préparé lui-même de ses propres mains. Nous n'avons pas le droit de mettre les doigts dans le plat. Nous ouvrons simplement la bouche et il donne à tour de rôle à chacun une bouchée. C'est un moment magique, un privilège inouï. Nous passons la journée à le remercier et il passe la journée à nous dire : « Alors, c'était bon, hein ? Votre grand-père cuisine mieux que téta, hein ? »

Il y a tant et tant à dire, Loulou, sur grand-papa Razzouk, dit le pacha, qui n'avait en vérité que le titre de bey, mais qui, en tant que notable du quartier, revêtait sa redingote noire une fois l'an pour aller souhaiter bonne fête au roi Farouk. Ce jour-là, il était magnifique à regarder, nous avions l'impression que c'était lui le roi.

Chère Momo,

Chaque fois que nous prenons cette route vers Ville-Marie où habitait mon grand-père Rodolphe que je n'ai pas beaucoup connu, c'est toute une expédition. Nous partons le soir très tard, mon père nous couche sur un matelas à l'arrière de la jeep et il nous ordonne de dormir. Je ne ferme pas l'œil du voyage qui dure au moins trois heures. Quand nous faisons une crevaison, ce qui arrive presque chaque fois, ma mère me donne la permission de sortir pour marcher un peu dans le foin brillant. « Le serein va te mouiller, dit toujours mon père, rentre tout de suite. » Je me demande ce que vient faire un serin dans la rosée, mais papa m'explique en long et en large que « serein » est le mot juste pour dire la rosée du soir.

Souvent, papa nous raconte le premier voyage qu'il a fait à Rouyn en compagnie de son père. Mon grand-père Rodolphe, qui était agent des terres pour le ministère des Terres et Forêts, faisait des tournées d'inspection dans les forêts du Témiscamingue et il a décidé un beau jour d'amener mon père, son fils aîné qui avait treize ans. C'est peut-être grâce à ce voyage que mon père a décidé de travailler pour la CIP plus tard, comme tous ses frères. Mon père et mes oncles, quand ils se rencontrent, ne parlent que de la forêt, c'est leur seul sujet de conversation. Ils sont comme des arbres parmi les arbres, tu devrais les voir.

Quand mon père a fait ce premier voyage à Rouyn avec mon grand-père, la route entre Rouyn et Ville-Marie n'était qu'un petit sentier sous les arbres. Par endroits, il fallait naviguer sur la rivière des Outaouais et la rivière Kinogevis puis, plus loin, sauter dans un canot à travers les lacs Valet, Routhier, Rouyn, Trémoy, pour enfin aboutir à un magasin général en bois rond près du lac Osisko, chez les Dumulon. Dans la ville de Rouyn, les rues étaient si boueuses qu'il fallait mettre de grandes bottes de caoutchouc pour marcher. Les hommes, comme les femmes, portaient des pantalons *breeches*, tu sais, ces pantalons lacés sur les côtés qu'ont les aviateurs. Lors de ce premier voyage, papa et grand-papa ont regardé les courses de bateaux sur le lac, puis, c'est ça le clou, ils ont mangé dans un restaurant chinois et sont ensuite allés au cinéma. Quelle chance a eue papa d'être allé au restaurant et au cinéma avec son père !

Avec moi, grand-papa Rodolphe était très gentil. Aussitôt arrivée chez mes grands-parents, je courais vers lui pour être la première à me blottir dans ses bras. Il me prenait sur ses genoux et me berçait en me serrant sur son gros ventre. Je frottais mes joues contre les rayures grises de son complet-veston et je palpais la chaîne de sa montre. Je lui demandais dix fois l'heure et, chaque fois, il sortait sa montre de poche en argent et me répondait avec la plus grande des patiences. Il était toujours tiré à quatre épingles, portait la veste et la cravate et il sentait bon. Je me tenais près de lui, car je savais qu'à un moment donné, pendant la conversation, il me passerait la main dans les cheveux. J'aimais son bedon rembourré et sa main dans mes cheveux. C'est mon premier amour. Un jour, il m'a donné un dix sous pour que je m'achète des boules noires au petit magasin mais je l'ai fait tomber dans la fente du trottoir de bois. Catastrophe. Je suis revenue en pleurant et grand-papa m'en a redonné un autre en riant. Je lui ai sauté au cou pour le remercier et mon père a dit, en regardant grand-père de travers: « T'énerve pas trop, Loulou, moi, en tout cas, je ne t'en aurais pas donné un autre. »

Un soir d'avril, le téléphone a sonné et c'est maman qui a répondu. Elle a longuement écouté sans dire un mot, puis après avoir raccroché, elle nous a annoncé que grand-père Rodolphe était mort. On s'est tous assis en silence autour de la table en attendant que mon père arrive et, dès qu'il a ouvert la porte, elle a dit: « Ton père est mort subitement. » Papa était effondré, il s'est assis avec nous et il a pleuré. Je ne savais pas que mon père pouvait pleurer.

J'ai posé toutes sortes de questions. Qu'est-ce qu'il a fait pour mourir? « Rien, a répondu ma mère, il s'est étendu sur son lit avant le souper, il était fatigué de sa journée, et quand grand-maman Adèle est allée dans la chambre pour le réveiller, il était déjà mort. » Qu'est-ce que ça veut dire, mort? lui ai-je demandé. Elle a répondu qu'il ne se réveillerait plus jamais. Tout le monde a pleuré et j'ai pleuré de voir tout le monde pleurer.

Nous sommes partis dans la nuit pour Ville-Marie, mais cette fois nous n'avons pas pris la jeep, nous y sommes allés dans la grosse Chevrolet d'oncle Moineau. J'étais sur la banquette arrière avec Pipot, entre mon père et ma mère. J'avais les pieds gelés, la cigarette et l'odeur d'essence me donnaient mal au cœur. J'ai réussi à ne pas vomir parce que maman m'avait donné une Gravol avant de partir. De toutes mes forces, j'ai combattu le sommeil, je ne voulais rien manquer de ce qui se disait dans l'auto. J'ai ainsi appris par oncle Moineau que grand-papa était sévère, qu'il ne permettait pas à mes tantes de sortir avec les garçons et des choses de ce genre, mais moi je ne le croyais pas.

C'est grand-maman Angélique qui m'a gardée pendant les funérailles parce que j'étais trop petite pour y aller. Nous avons joué à la bataille dans le solarium du Palais de justice où ma tante Noirette était gardienne. On a déposé nos cartes pour voir défiler le cortège dans la grande rue vers la grotte du cimetière. Grand-mère, qui sait tout sur la mort, m'a dit qu'on pouvait mourir n'importe quand, n'importe où, à n'importe quel âge.

Grand-père s'en allait sous la terre et j'ai demandé à grand-maman s'il aurait froid. Elle m'a dit que non, qu'il ne sentirait plus rien, ni la faim ni la soif, qu'on ne le reverrait plus jamais, jamais, que son âme s'était envolée dans le ciel. Nous avons fait une prière afin que grand-père Rodolphe aille au ciel. J'ai regardé dehors et j'ai imaginé son âme flottant dans de cotonneux et chauds nuages. Quand nous avons fini le Notre Père, il n'y avait plus personne dans la rue. La poussière dansait dans un rayon de soleil. Un soleil jaune Pâques.

QUATRIÈME PARTIE

Nos oncles et nos tantes

Chère Loulou,

Loulou, je te présente mon oncle Karim le Magnifique. Il est arrivé après ma mère et mes tantes, un cadeau dans tous les sens du terme. Un garçon, mais plus encore, un adorable garçon au caractère d'une indescriptible douceur et d'une légendaire générosité. À ma naissance, il a douze ans. Il va au collège des frères Jean-Baptiste de la Salle. Un jour, j'ai gribouillé dans son cahier d'école, sur son devoir qu'il venait d'écrire à la plume sans faire la moindre tache. Maman m'a grondée très fort, mais lui m'a défendue et s'est mis à recopier son devoir. Je suis folle de joie quand je le trouve à la maison, car le plus souvent il est aux scouts ou aux Cœurs vaillants. Je saute sur lui, je hume son odeur de Cologne et de cheveux gras, son odeur d'adolescent, de « plus grand que nous ».

Contrairement à ce qui se fait habituellement dans les familles où il y a des filles et des garçons, oncle Karim loge dans la chambre de tante Joséphine, et oncle Rafik partage celle de tante Irène, la chambre du fond. Je connais bien la raison de cette anomalie, j'ai entendu ma grand-mère en parler à maman. Mes deux tantes se disputent sans cesse et se plaignent l'une de l'autre, alors ma grand-mère les a séparées pour avoir la paix. Le lit d'oncle Karim est placé près de la fenêtre, celui de tante Joséphine près du mur. Dans la grande armoire en acajou, Karim n'a qu'un seul battant pour ranger toutes ses affaires. Le reste du placard, la coiffeuse au grand miroir et les deux petites armoires à souliers sont accaparés par tante Joséphine.

J'ai environ quatre ans. J'arrive un après-midi chez ma grand-mère et je trouve Gaby et Dady, les enfants de madame Sarah, la voisine de palier, en train de jouer aux billes avec oncle Karim. Et puis Gaby le diable décide d'être un cow-boy, désignant Karim comme Indien. Trop timide pour refuser, oncle Karim se laisse pourchasser d'une chambre à l'autre. Pour échapper à Gaby, il grimpe sur le lit de Joséphine et soudain pousse un cri en se tenant le pied. Ma grand-mère accourt, mais Karim, qui ne veut pas que l'on gronde Gaby, dit qu'il s'est simplement piqué le pied avec une épingle. Mais voilà que son pied se met à enfler et il ne peut plus marcher. Finalement, ma grand-mère l'amène à l'hôpital, pour découvrir qu'il a une aiguille entière infiltrée dans le pied. L'aiguille retirée lui a laissé une cicatrice que je lui demande toujours de me montrer. Quand il me la découvre, ma mère et ma grand-mère en profitent pour déplorer de plus belle la trop grande timidité, le silence et la patience excessifs de mon oncle Karim qui ont failli le tuer. Suite logique à leurs doléances, elles déblatèrent sur l'inconscience de tante Joséphine, qui a vingt-deux ans déjà, et qui, malgré cet âge mûr, comme elles disent, laisse traîner ses aiguilles à couture sur les lits. Dans la foulée, elles ajoutent qu'il est grand temps qu'elle se case.

Oncle Karim vient d'être admis à la faculté de pharmacie de l'Université du Caire. Ma grand-mère en est ravie. On lui a installé un petit bureau dans le salon pour qu'il puisse étudier en paix. Il travaille tout le temps et il réussit bien. On ne peut plus vraiment jouer avec lui, on évite de le déranger, on respecte son travail. Quand oncle Karim obtient son diplôme, papa nous emmène tous déjeuner aux Pyramides en son honneur. J'insiste pour qu'il monte à cheval avec moi. Il hésite mais finit par accepter. C'est la première fois qu'il fait de l'équitation et il est très craintif. Moi, je saute allègrement sur la selle pendant qu'il me regarde avec admiration. Je fouette mon cheval qui part au trot vers le désert. Voilà que le sien emboîte le pas et j'entends oncle Karim crier en panique « Hiss Hiss » en tirant sur la bride pour arrêter son cheval qui ne veut pas en démordre. Je fais demi-tour et m'approche de lui en riant aux larmes. Il est blanc de peur. Je le bouscule et lui donne quelques trucs pour se tenir solidement sur la selle. Il m'écoute et me dit qu'il n'en revient pas de ma bravoure. Plus je grandis, plus il admire mes prouesses. Je suis, selon lui, le charme incarné, et tout ce que je fais est unique. J'ai sur lui un grand pouvoir.

Oncle Karim a trouvé un emploi dans une pharmacie de notre quartier à Zamalek. La propriétaire est une dame plantureuse qui passe ses journées à la caisse en regardant oncle Karim avec passion. Maman pense qu'elle veut lui mettre le grappin dessus pour le marier à sa fille de dix-sept ans, non moins plantureuse. Mais oncle Karim aime déjà une fille, il m'a fait cette confidence. Il m'a même demandé conseil même si je n'ai que dix ans. Car il veut se fiancer mais n'ose pas en parler à ma grand-mère qui va le rabrouer. Cette fille vient d'un milieu différent du nôtre, comme le dit oncle Karim en s'empressant d'ajouter : « Mais c'est ridicule, ces histoires de milieu. » Moi, Loulou, je sais déjà que je ne devrais même pas penser à épouser quelqu'un « qui n'est pas de notre milieu ». Un jour, oncle Karim emmène son amie aux Pyramides et je lui sers de chaperon pour éviter les qu'en-dira-t-on. Pendant que je fais mon heure d'équitation, il prend le thé avec elle au chic jardin de l'hôtel Mena House. C'est une fille très douce, mais qui a un langage populaire et qui se tient comme une paysanne. Je ne l'imagine pas vraiment dans le salon de ma grand-mère, la dame pincée de souche syrienne, la fille de Homs aux mille préjugés. Mais elle est si gentille et semble tellement l'aimer que j'encourage oncle Karim à en parler. Finalement, il se décide. Ma grand-mère, après maintes résistances, accepte d'aller rendre visite à la famille de la jeune fille. C'est que, chez nous, Loulou, une fille n'a le droit de sortir seule avec un jeune homme que s'il y a au moins promesse de fiançailles. Le retour de cette mémorable visite a été dramatique. Ma grand-mère était blême, le visage décomposé. Oncle Karim était rouge de colère. Lui qui n'élève jamais la voix accusait tout haut ma grand-mère d'avoir humilié la famille de la jeune fille par son attitude hautaine et méprisante. Ma grand-mère pleurait en répétant toujours la même phrase : « Imaginez-vous, sa mère était avertie de ma visite et elle m'a reçue en robe de chambre, elle m'a reçue en robe de chambre ! ! » Ma mère a poussé une exclamation d'horreur et a lancé à mon oncle Karim un regard si plein de reproches qu'il a capitulé sans autre sanglante bataille.

On n'a plus jamais entendu parler de cette jeune fille.

Chère Momo,

Tu es chanceuse de si bien connaître tes oncles, ce qui est loin d'être mon cas. D'abord, j'en ai au moins le double, ensuite ils sont beaucoup plus âgés que moi et, de plus, la plupart habitent loin de Noranda. J'y vais donc un peu au hasard et je commence par un frère de maman que j'aime bien, oncle Félix, le plus comique de mes oncles.

Oncle Félix raconte sans cesse des histoires que je ne comprends pas et que tous les adultes trouvent très drôles, sauf ma mère. Elle dit : « Félix, pas devant les enfants, voyons ! » Et mon oncle Félix plisse davantage les yeux en racontant une autre histoire que nous comprenons encore moins et qui fait rire encore plus mon père. Et moi, je ris parce que les autres rient de bon cœur. Oncle Félix prend un malin plaisir à me faire répéter ses histoires. Évidemment, je les raconte tout de travers, ce qui fait rire tout le monde encore plus.

Oncle Félix habite Belleterre, une ville minière non loin de Ville-Marie mais qui semble au bout de la terre tant c'est désertique tout autour. Il est entrepreneur et il gagne bien sa vie, du moins c'est ce qu'il dit, parce que tout est à construire en Abitibi-Témiscamingue. Maman pense qu'il n'est pas si riche que ça, que ses grands projets tombent toujours à l'eau. Quand il s'est présenté comme député, il a été battu et, encore là, maman raconte que s'il n'a pas été élu, c'est parce qu'il aime un peu trop s'amuser.

Il a eu un trait de génie, mon oncle Félix, et c'est celui d'avoir épousé ma tante Dolorès, une soie de matante. Elle est courte et un peu grasse, elle a la peau lisse comme une pâte à tarte bien roulée. Quand elle rit, elle plisse tellement les yeux qu'on ne les voit plus. Malgré les mésaventures financières de mon oncle, elle n'y laisse rien paraître. Mes tantes ne parlent jamais contre elle et l'admirent d'élever ses deux filles adoptives, Édith et Ruth. Elles disent tout bas, comme si c'était un secret, que mes deux cousines ont été « cueillies à l'hôpital de la Miséricorde », mais je ne vois pas la différence parce qu'on s'amuse bien toutes ensemble. Parfois je les envie de ne pas avoir de frères, d'être des filles ensemble, d'être si choyées par leurs parents.

Un jour, ma cousine Ruth, qui est juste un peu plus âgée que moi, m'invite chez elle à Belleterre. Ma tante Simone m'accompagne parce qu'un grand événement se prépare : Édith se marie et tante Simone va lui coudre sa robe de noces. Elle lui fera même tout son trousseau. Ruth et moi, on ne s'occupe pas tellement des robes, on joue dehors dans la rue de gravier sans trottoirs. Nous nous amusons ferme et nous dormons ensemble dans le même lit. C'est le paradis. Une nuit, je me réveille un peu perdue et, au lieu d'aller à la salle de bains, j'entre dans le salon, surprenant ma cousine Édith en train d'embrasser son fiancé. Je n'avais jamais vu des gens s'embrasser si fort de ma vie. Je contemple la chose pendant un certain temps et soudain Édith m'aperçoit, décolle sa bouche de celle de son futur mari qui se retourne d'un coup sec et me dit : « Mais qu'est-ce que tu fais là ? » Tante Dolorès et tante Simone, qui ne sont pas loin à fignoler le tulle de la robe de mariée, se précipitent : « Mais qu'est-ce que tu fais là ? » Je ne sais que répondre, je reste muette et je me mets à pleurer. Et voilà qu'oncle Félix se réveille et veut raconter une autre histoire. Tante Dolorès plisse encore plus les yeux, rit de son rire de cristal en m'amenant à la cuisine. Elle extrait de l'armoire une de ses nombreuses boîtes métalliques qui renferment des trésors de chocolat et de sucreries, et elle me donne un morceau de son sucre à la crème si fondant qu'il me fait mal aux dents.

Quand nous étions très petits, oncle Félix nous a proposé, à Pipot et à moi, de nous faire voir la lune. J'avais d'abord refusé, puis je me suis ravisée parce que ça m'intriguait. Il a pris son imperméable de marin, tu sais, ces imperméables tout raides en caoutchouc, et il m'a demandé de me coucher par terre. Après avoir laissé pendre une manche au-dessus de mon visage, il m'a ordonné de regarder au ciel comme dans un télescope. À peine avais-je eu le temps de m'installer que j'ai reçu un verre d'eau en pleine figure. Je ne trouvais pas ça drôle du tout et j'ai dit un gros mot d'adulte, « maudit », pour la première fois de ma vie, à trois ans. Pipot m'a corrigée : « Loulou, on ne dit pas *maudit*, ce n'est pas un beau mot, on dit *saudit* ! », ce qui a fait rire aux larmes oncle Félix et tante Dolorès. Je me suis réfugiée dans le salon, terrorisée par cette lune qui m'avait trahie.

Chère Loulou,

Il est bien chouette ton oncle Félix. Moi, mon oncle le plus extraordinaire, c'est oncle Rafik. Comme il n'avait que six ans quand je suis née, je l'appelle par son prénom et je dis plutôt Fiko. Souvent quand on arrive chez grand-maman, il vient de rentrer des scouts et porte encore son foulard bicolore et son short kaki. Il rechigne devant un cahier de devoirs, qu'il referme allègrement dès notre entrée. Le grand sourire remplace la mauvaise humeur. Nous sautons sur lui pour l'étouffer de baisers. Il fait semblant de se débattre en nous chatouillant les côtes et nous rions tous les trois comme des fous. Il quitte son cahier, au grand dam de tante Irène qui, étalée dans son lit, lui lance des invectives concernant son devoir non terminé. Il lui fait un pied de nez et nous entraîne vers son armoire pour nous montrer sa dernière trouvaille. Il sort une espèce de bout de bois en forme de Y muni d'un élastique, qu'il a confectionné lui-même. Cet engin doit servir à la chasse aux pigeons d'élevage qui logent sur la terrasse de l'immeuble d'en face et qui appartiennent au portier. Nous sommes en admiration devant son ingéniosité et nous aimerions bien le voir en action, mais il refuse, car la femme du portier est en train d'étendre son linge et elle pourrait le voir. Pour nous, Fiko, c'est un héros.

Voilà qu'on entend le sifflet de Gaby, le fils des voisins, qui appelle Rafik par-dessus la balustrade de son balcon. Gaby est l'instigateur de tous les coups pendables qui valent à Fiko les taloches de ma grand-mère. Fiko se précipite sur le balcon pour répondre à Gaby, et nous voilà exclus de leurs conciliabules. À notre curiosité anxieuse, Fiko répond : « Vous verrez, vous verrez, chut... » Puis il court rejoindre Gaby du côté des cuisines, sur le palier à ciel ouvert de l'escalier de service en fer habité par une tapée de chats errants qui vivent de la fouille des poubelles. Ils sortent un sac plein de pétards et se mettent à les lancer à toute vitesse dans la cour intérieure de l'immeuble. Le bruit résonne comme une explosion et les portes des cuisines s'ouvrent brusquement. Les dames pensent qu'une bonbonne de gaz a éclaté dans l'une des cuisines et crient : « Mon Dieu, mon Dieu ! Qu'est-ce qui arrive ? » Mais les deux portes du palier du quatrième sont déjà bien refermées et les garçons se tordent de rire sur le balcon où ils ont déjà filé pour savourer leur méfait, penchés par-dessus la balustrade. Je jubile aussi et je les félicite, ravie d'avoir assisté à une si bonne farce. Le plaisir ne dure pas très longtemps car madame Véronique, la voisine de palier, la bavarde, vient sonner chez ma grand-mère pour l'avertir de ce qui vient de se passer, elle les a vus de ses yeux vus, et, entre deux essoufflements, elle annonce qu'elle a un malaise et que son cœur va s'arrêter. Ma grand-mère sonne alors chez madame Sarah et l'interrogatoire commence, suivi de la criade des mères à leurs fils, de la taloche qui suit, et du retour au cahier de devoirs abandonné. Mon frère et moi sommes alors obligés de quitter la chambre de Fiko et de jouer seuls avec ses soldats de plomb, ses dominos en marbre blanc veiné de noir, ou son Parchési. Nous allons fréquemment lui chuchoter quelques mots à travers la porte vitrée, jusqu'à ce que maman sonne l'heure du départ. Il nous dit bye bye sans se lever, penché sur la table carrée en chêne brut à quatre tiroirs, trempant sa plume dans l'encrier et séchant sa page avec le buvard blanc.

Chère Momo,

De tous les frères de maman, c'est oncle Eustache, dit oncle Moustache, que je connais le mieux. Il habite à Noranda, près de chez nous, et il est directeur d'école. Il sait tout faire avec assurance et il déploie dans la construction et le travail du bois la même habileté que ma grand-mère et mes tantes dans la couture. Tout ce qu'il touche se transforme en meuble ou en bâtiment droit et solide. C'est vraiment un as de l'aplomb.

J'adore aller chez oncle Moustache, surtout à cause de ma tante Carmen, qui vient de Montréal et qui est un as elle aussi. Je ne connais personne qui sait mieux qu'elle fabriquer des bonbons et du chocolat. Ses armoires sont remplies de casseroles, de moules et d'ustensiles de toutes les formes et de toutes les couleurs. Elle a même ce qu'il faut pour teindre en rose et vert ses bonbons maison qu'elle aligne en rangées bien droites sur du papier paraffiné et qu'elle appelle « divinités ». C'est un mot bien choisi pour ces bonbons fondants et sucrés à l'infini, et je pense que tante Carmen a le pouvoir d'usiner le bonheur, exactement comme le bon Dieu, mais en mieux.

Je vais souvent chez oncle Eustache pour jouer avec ma cousine Lorraine, qui est plus jeune que moi. Quand mes parents vont à Montréal et qu'ils nous distribuent un peu partout chez nos oncles et nos tantes, je me fais garder chez oncle Eustache. J'adore coucher avec ma cousine parce qu'on se colle comme des sœurs. Dans sa belle grande chambre mauve aux rideaux vaporeux, nous nous amusons dans les placards sous les combles, là où sont rangées des boîtes rondes pleines de chapeaux incroyables. Nous les essayons tous et, pour chacun d'eux, nous inventons des histoires de reines anciennes et de duchesses anglaises.

Le soir de Noël, c'est dans la tradition d'aller chez oncle Eustache et tante Carmen. Comme dans les contes de Noël, l'arbre est majestueusement décoré de lanternes électriques de toutes les couleurs avec du liquide qui fait des bulles à l'intérieur. Chez nous, les lumières de Noël fonctionnent couci-couça, ce que ma mère explique en disant : « Votre père est toujours parti et, moi, j'ai d'autres chats à fouetter que de m'occuper du sapin. » Chez tante Carmen, il y a un beau piano neuf sur lequel personne ne joue vraiment, sauf ma cousine Lorraine, qui suit des cours. Sur l'invitation d'oncle Eustache, maman s'y installe après le souper et elle nous brasse sa *Polonaise militaire*, ce qui incite tante Carmen à sortir son violon. À la fin, tout le monde fait son petit numéro et je me cache dans les toilettes pour ne pas avoir à m'exécuter. On finit par me trouver et je me fais tirer l'oreille pour jouer en l'écorchant ma *Gertrude's Dream Waltz* de Beethoven.

Nous allons souvent jouer au sous-sol avec le chat de Lorraine, qui a toujours des chats différents parce qu'elle les perd tout le temps. Tante Carmen dit qu'ils se sauvent par la cheminée. Je sais que c'est faux : l'autre jour, du haut de l'escalier du sous-sol, j'ai vu mon oncle Eustache prendre le chat par les pattes de derrière et l'assommer sur un poteau de fer. Je suis descendue voir oncle Eustache, qui se tenait près de son établi tout bien rangé, avec les outils, les vis, les clous, disposés exactement comme dans une quincaillerie. Je pleurais, mais il m'a dit que ce n'était qu'un animal, qu'on pouvait tuer les animaux comme on voulait, comme sur la ferme, on tue les lapins, les moutons pour les manger. J'ai répondu qu'on ne mange pas les chats, mais il n'a rien ajouté.

Il y a eu un grand drame chez oncle Eustache. Le petit frère de Lorraine est mort en tombant la tête sur une pierre. Il s'amusait sur le balcon, il a grimpé sur la balustrade et il a basculé dans le vide. Je suis allée le voir dans son petit cercueil blanc. Tante Carmen était inconsolable, elle ne pouvait pas se lever tant la peine l'écrasait. Plus tard, elle a adopté un autre garçon qui est devenu du jour au lendemain mon cousin Marcel.

Oncle Eustache et tante Carmen construisent un chalet juste à côté du nôtre au lac Vaudray. Comme oncle Eustache travaille dans une école, il profite de ses longues vacances d'été pour s'occuper de nous parce qu'il est le seul homme de la tribu. Tous les soirs, tante Carmen et oncle Moustache vont à la pêche et ramènent des tas de beaux dorés que nous filetons sur la plage avant de nous coucher. Je n'aime pas aller à la pêche, Lorraine non plus n'aime pas ça. Nous préférons nous affaler sur le sofa élimé de la véranda pour lire nos romans à l'abri des mouches noires. Vraiment, c'est un cœur, ma cousine Lorraine.

Chère Loulou,

Nous nous amusons bien avec nos oncles maternels, Loulou, ce sont nos amis et nous les aimons beaucoup. Je te présente maintenant ma première tante, tante Joséphine. Elle est mince et longue et son visage est fin, mais elle a toujours les cheveux mal peignés, ce qui énerve ma grand-mère. Je la vois moins souvent parce qu'elle travaille à la Banque Nationale du Caire et, à son retour du travail, dès qu'elle a fini d'avaler le repas que ma grand-mère lui a réchauffé et servi, elle redescend pour aller visiter ses amies ou vadrouiller dans les magasins de tissus du centre-ville. Souvent nous arrivons chez ma grand-mère juste au moment ou Joséphine vient de descendre. Quelquefois, nous sommes encore là quand elle revient de la ville, chargée de coupons de tissus. Elle jette tous ses paquets sur son lit et nous inonde de baisers. Elle supplie ma mère de nous laisser dormir chez elle en promettant de s'occuper de nous, ce qui provoque une moue sarcastique de ma grand-mère, mine de dire : « Ouais, ouais, on connaît la chanson. »

Puis ma mère examine les coupons que tante Joséphine vient d'acheter, et si l'un d'eux lui plaît, elle le lui rachète et ma tante le lui cède de bonne grâce. Ma grand-mère, d'une voix aigre-douce, demande à Joséphine si elle a encore de la place dans son capharnaüm d'armoire pour ranger ces nouveaux coupons qui s'accumuleront avec les autres. L'armoire de tante Joséphine est une caverne d'Ali Baba. Nous adorons y fouiller, car elle est pleine de tissus de toutes sortes, certains sont taillés et épinglés avec le patron, d'autres sont à moitié surfilés et d'autres sont encore intacts. Nous nous amusons, mon frère et moi, à sortir les soies multicolores, les organdis bouffants et les coupons de feutre, en nous piquant les doigts avec les épingles, et nous nous les enroulons autour du corps pour faire des déguisements avec lesquels nous allons parader dans la chambre d'à côté devant tante Irène et oncle Rafik qui rient aux larmes.

À ma naissance, tante Joséphine est déjà une jeune fille à marier. D'aussi loin que remonte ma mémoire, j'entends ma grand-mère se lamenter parce qu'elle a rompu ses fiançailles et que, depuis, elle n'a pas eu de prétendant valable. C'est une véritable obsession. Ma mère passe des après-midi entiers à faire des plans avec ma grand-mère pour mettre en contact tante Joséphine avec tel ou tel jeune homme de bonne famille. Maman la coince quelquefois dans sa chambre et la sermonne : « Écoute, Joséphine, jusqu'à quand as-tu l'intention de rester comme ça ? Hein ? Tu crois que ça va être facile de te trouver un mari maintenant ? Hein ? Raisonne un peu, Joséphine, le train est en train de passer. » Ma tante Joséphine, qui l'a écoutée distraitement en faisant « hum, hum », finit par s'irriter. Elle se déchaîne et laisse-moi te dire, Loulou, on entend ce qu'on entend. Nous accourons de la chambre du fond avec Fiko. Nous rions à nous étouffer parce que Joséphine crie : « Est-ce que je t'ai demandé de me trouver un mari ? Hein ? Je suis dans la maison de mon père, après tout. Si vous n'êtes pas contents, je vais vous laisser la maison. » Nous rions jusqu'au moment où ça tourne au drame. Joséphine sort une petite valise et commence à y mettre une chemise de nuit et quelques effets. Nous courons vers elle, effrayés, et nous l'empêchons de mettre sa menace à exécution. Touchée par nos baisers, elle abandonne et nous serre dans ses bras. Finalement, ma grand-mère vient lui dire un mot pour la consoler, un mot qu'elle va tout de même clore par une pointe : « Si tu veux finir ta vie comme Soheir et Soad, tant pis pour toi. »

Je ne comprends pas vraiment pourquoi on harcèle tellement tante Joséphine, qui vient de s'inscrire au Collège Américain pour obtenir son diplôme JCE en cours du soir. Elle dit que ça va lui donner une promotion à la banque mais ma grand-mère fait une moue comme pour signifier : « Et à quoi ça sert tout ça ? » Je ne comprends pas non plus pourquoi elle a fait un si grand drame quand tante Joséphine a pris l'initiative de changer la forme de son nez sans consulter personne. Ce jour-là, Loulou, on avait l'impression que la foudre était tombée sur la maison.

Qu'importe, elle continue de n'en faire qu'à sa tête. Elle est libre comme l'air, tante Joséphine, personne ne saura la contraindre. Ma grand-mère dit souvent qu'elle a une cervelle d'oiseau et qu'elle fait fuir les prétendants. Mais moi je l'aime beaucoup à cause de ça justement, j'ai toujours l'impression qu'elle est de mon âge. Quand je dors chez ma grand-mère, c'est dans son lit que je m'enfouis sans hésiter, sans me soucier de son édredon que tâte suspicieusement ma grand-mère, réflexe de panique développé depuis qu'oncle Karim s'est enfoncé une aiguille dans le pied. J'aime le lit de Joséphine car il est moelleux à cause de son sommier en fer souple sur lequel on peut aussi sauter à l'aise et bondir jusqu'au plafond. La nuit, je me colle à elle quand le coq d'Ibrahim, le vendeur de volaille, se met à chanter à trois heures du matin et me réveille en sursaut. Elle me prend dans ses bras avec une extraordinaire tendresse, de ces tendresses que ne peuvent, sans doute, exprimer que ceux qui, justement, donnent l'impression d'avoir des cervelles d'oiseaux.

Chère Momo,

Les sœurs de ma mère, contrairement à tes tantes, ne sont pas du tout obligées de penser au mariage. Tante Noirette, par exemple, est sortie de son célibat à la fin de la trentaine seulement ; une autre sœur de maman, tante Marie-Jeanne, est religieuse ; tante Simone, de son côté, dit qu'elle ne se mariera jamais. Par contre, tante Colette, l'aînée des sœurs de maman, qui est aussi ma marraine, s'est mariée très jeune avec mon oncle Maurice, un beau capitaine de bateau. Tu te rappelles, je suis allée chez elle à Duparquet quand Willie est né ? Maintenant, elle habite à Ville-Marie une grande maison blanche avec des colonnes de temple grec, exactement comme la maison du président des États-Unis. Cette belle maison veille avec majesté sur le lac Témiscamingue. Chaque fois que j'y vais, oncle Maurice me rappelle que Témiscamingue veut dire « eau profonde » tout en m'enseignant les bonnes manières. « On attend que tout le monde soit servi pour commencer à manger, on dépose ses ustensiles dans l'assiette quand on a fini, on demande la permission de sortir de table », voilà ce qu'il me dit si gentiment que je me sens heureuse d'avoir appris quelque chose. Mais quand je reviens à la maison, c'est de nouveau l'anarchie à table et j'ai beau mettre en pratique les conseils d'oncle Maurice, je me fais traiter de petite pincée par Pipot.

Au temps des Fêtes, quand nous allons la voir, tante Colette nous reçoit à bras ouverts et nous ouvre les trésors de sa bonbonnière en fleurs de porcelaine. « Du Limoges », spécifie-t-elle chaque fois, et elle ajoute : « Prenez des bonbons, les petits, profitez-en, c'est Noël. » Contraire-ment à nos cousins, nous n'y touchons pas parce que notre mère nous gave de chocolats dans l'auto, juste avant qu'on arrive. Tante Colette dit ce que maman veut entendre : « Ils sont bien élevés tes enfants, ma chère sœur, ils ne se ruent pas sur les bonbons. »

Tante Colette a tout ce que ma mère n'a pas : de longs cheveux tressés, des ongles faits, une trousse de maquillage, des négligés vaporeux et des mules de star. Elle est capricorne, comme moi, et elle adore les livres, ceux qui sont entièrement écrits, sans aucune illustration. Un été, maman m'a envoyée en vacances chez tante Colette où il y a une pièce qu'elle appelle sa bibliothèque, pleine de livres magnifiques. Même si j'aime lire comme une folle, chez moi je dois me contenter des romans que me prêtent mes amies, des résumés indigestes des *Reader's Digest* qui sont nos seuls « livres », à part l'encyclopédie Grolier et quelques *Popular Mechanics* qui n'intéressent que Pipot, notre spécialiste en démontage de réveille-matin.

C'était une journée de plein été, les cigales crissaient dans le ciel fou de chaleur. En arrivant chez tante Colette, j'ai défait ma valise dans la chambre où il y a un lit à frisons fleuris, le lit de ma cousine Marcelle partie à Montréal depuis longtemps. Sur la table de chevet, un livre tout neuf m'attendait, *Les Malheurs de Sophie* de la comtesse de Ségur, et c'était écrit sur la page de garde : « À Loulou, de tante Colette ». Mon premier livre à moi toute seule ! Je l'ai palpé avant de l'ouvrir avec précaution et j'ai fourré mon nez à l'intérieur jusqu'à ce que l'encre d'imprimerie m'étourdisse. J'ai eu envie de le dévorer tout rond, comme une pomme bien rouge. J'ai descendu l'escalier quatre à quatre pour remercier tante Colette, qui m'a dit : « Je savais que tu serais contente, Loulou, tu peux t'installer dans la bibliothèque. » J'étais bien étonnée qu'elle ne dise pas comme ma mère « Va jouer dehors, Loulou, il fait trop beau », ce qui m'aurait obligée à me cacher derrière un arbre pour lire. Tante Colette s'est assise près de moi dans un *lazy-boy*, a ouvert une boîte de chocolats Laura Secord, dans laquelle nous avons puisé abondamment, soit pour nous consoler des passages trop tristes, soit pour apaiser nos craintes, surtout quand nos héros étaient dans de mauvais draps.

Tante Colette est la reine du village. Elle porte des vêtements de soie, des souliers de Cendrillon, des manteaux de velours vert émeraude, de lourdes bagues à diamants. Rien ne l'arrête. Avec elle, l'histoire la plus banale prend des allures de conte fantastique. Elle n'oublie jamais d'y mettre son grain d'ironie et elle sait si bien rire d'elle-même qu'on la prend tout à fait au sérieux. Elle fait la cuisine comme dans les illustrations du *Woman's Day* : des gelées vert et rose, des biscuits en forme de cœur, des gâteaux « chiffon » à l'érable. De plus, tante Colette parle italien, recherche tout ce qui de près ou de loin peut évoquer l'Italie, les spaghettis, les chansons de Caruso, l'accent de velours...

Tante Colette m'envoie de jolies lettres à mon anniversaire ou à Noël pour accompagner les livres qu'elle me donne. De son écriture ronde, fleurie, égale, elle m'écrit de belles pensées que je relis cent fois sans jamais me lasser : « Le goût pour la lecture et l'écriture est un don. Tu es chanceuse de le posséder. Il t'aidera à entreprendre une grande histoire d'amour... avec toi-même ; ce sera l'amour de ta vie. Tu ne seras jamais seule, les mots et l'écriture te garderont sous leur pouvoir d'envoûtement. »

Je garde les lettres de tante Colette dans une boîte à chaussures que j'ai tapissée de velours.

Chère Loulou,

Loulou, tu ne me croiras pas. Moi aussi, le premier roman que j'ai reçu de toute ma vie était *Les Malheurs de Sophie* et c'est tante Irène, la sœur de maman, qui me l'a acheté chez Hachette rue Soliman Pacha. Ma jolie tante Irène que j'aime tant et qui aime tant rêver. Elle est très fine, très blanche, elle a des cheveux châtain clair et des joues comme des pommes rouges. Cependant elle est souvent étendue dans son lit de bois à caissons, la tête bandée d'une écharpe serrée sur le front parce qu'elle a la migraine. Ça ne l'empêche pas de garder les yeux plissés dans un livre, elle adore la lecture. Quand on arrive, du fond de sa migraine, elle se redresse pour nous gratifier d'un beau baiser. Je me glisse près d'elle et j'essaye de déchiffrer le livre, mais c'est trop difficile. Je lui demande alors de lire à haute voix. Elle lit, d'une voix chantante : « *Ô lac ! l'année à peine a fini sa carrière…* » Je n'y comprends pas grand-chose mais je trouve que c'est très beau. Elle me dit que c'est Lamartine qui parle au lac Léman. Au-dessus de son lit, il y a une belle photo encadrée représentant une fenêtre aux volets ouverts, garnie d'une boîte à fleurs printanières, quelque part dans la montagne suisse.

Tante Irène rêve de partir en Europe mais cela semble utopique. Le voyage coûte cher et, de plus, une jeune fille ne peut aller se balader toute seule à l'étranger. Ma grand-mère souhaite plutôt qu'elle sorte de sa coquille et qu'elle accepte de rencontrer des prétendants, lui faisant miroiter l'idée d'une lune de miel en Italie. « Quand tu te marieras, tu pourras tout faire. » Un jour, maman l'invite chez nous en lui disant qu'elle reçoit quelques amis et qu'elle aimerait qu'elle vienne l'aider. Tante Irène semble sur ses gardes, je n'en saisis pas la raison. « S'il te plaît, tante Irène, viens dormir chez nous. » À force d'insister, elle finit par accepter, sans entrain. Ma mère quitte la chambre à moitié satisfaite. Elle sait qu'Irène peut lui jouer un mauvais tour et ne pas venir. Pendant ce temps, Rafik rit dans sa barbe. Je ne comprends toujours pas pourquoi. Il pointe son index vers moi en disant : « Ah, un jour ce sera ton tour à toi. » Je ne comprends toujours pas. Tante Irène le somme de se taire et se couvre de son drap en nous tournant la tête.

Le jour de la réception, maman prépare le salon comme pour recevoir des étrangers. Il y a des fleurs, des petits fours et des bâtons salés. Nous avons hâte de voir qui viendra ce soir. Maman est affairée, elle nous remballe dans nos chambres. Je ne veux pas dormir, j'attends tante Irène. On sonne. Nous nous précipitons, mon frère et moi, derrière le rideau de velours. Une dame aux cheveux gris entre, suivie d'un monsieur chauve aux yeux bleus, plus jeune qu'elle mais pas beaucoup. Ma mère fait les salamalecs de mise et les conduit au salon. Manzoura a revêtu son caftan des réceptions, bleu rayé d'argent, avec sa large ceinture en satin bleu. Nous le voyons tourner avec le plateau de sirop de fraises et nous en salivons. Le temps passe et, dès que l'ascenseur s'arrête à notre étage, maman se dirige nerveusement vers la porte. La voilà qui s'impatiente et, dans son énervement, nous remarque derrière les rideaux et nous donne une taloche sans préavis. Je l'entends marmonner : « Mon Dieu, mon Dieu, si elle me fait ce coup encore une fois... » Finalement, on sonne à la porte. Ma grand-mère entre, accompagnée de mon oncle Karim et de ma tante

Irène bien habillée, maquillée et parfumée. Nous lui faisons signe, mais elle se contente de nous faire un clin d'œil sans nous parler, car maman la pousse vers le salon. Les conversations tournent et nous avons sommeil. Tante Irène reste muette. Ma mère parle, rit et met de l'atmosphère, mais tante Irène reste muette.

Je ne sais pas comment s'est terminée la soirée, car je suis allée dormir. Le lendemain, j'entends maman parler au téléphone avec ma grand-mère. Elle est furieuse. Elle dit qu'Irène est un sphinx et qu'elle restera vieille fille. Qu'elle a à peine adressé la parole au jeune homme qui s'était dérangé avec sa mère pour la voir et qui s'est évertué toute la soirée à lui poser des questions auxquelles elle n'a répondu que par oui et par non. Mais pour qui se prend-elle, à vingt-cinq ans passés, qu'est-ce qu'elle attend? Le prince charmant de ses romans de Max du Veuzit, dit encore ma mère à ma grand-mère, qui ne sait sûrement pas qui est Max du Veuzit mais qui doit être hors d'elle à l'idée de se retrouver avec deux filles sur les bras. Quand nous retournons chez ma grand-mère, ma mère n'adresse pas la parole à sa sœur. Et tante Irène quitte la maison en disant qu'elle va à l'église Saint-Antoine retrouver ses amies.

Ma tante Irène n'est pas douée pour la couture, elle aime surtout les livres, les revues et les tableaux. Mais elle a toujours entre les mains un canevas représentant une scène romantique, le marquis baisant la main de la marquise ou Roméo et Juliette dans les jardins. Elle aime aussi le théâtre et idolâtre Gérard Philipe. D'ailleurs sa photo découpée dans *Paris Match* est accrochée au battant de son armoire.

Parlons de la fameuse armoire de ma tante Irène, un meuble colossal en chêne sculpté décoré d'un large miroir et de deux portes latérales. Comme tante Joséphine, c'est

Irène qui envahit l'armoire. J'aime farfouiller dans le battant de droite où elle range ses combinaisons en satin brodées, ses lettres intimes dissimulées sous le papier-étagère et ses colifichets. J'aime aussi regarder ses robes et ses blouses en chiffon de soie et en crêpe transparentes, sous lesquelles elle porte les combinaisons brodées. Elle est très séduisante, tante Irène, je ne sais pas pourquoi elle ne trouve pas un mari qui lui convient. Peut-être qu'elle est amoureuse de Gérard Philipe. « Où va-t-elle trouver ça au Caire, pour l'amour de Dieu ? » se lamente quelquefois ma grand-mère. Fiko ne rate pas l'occasion de la taquiner à ce sujet et nous l'imitons comme des perroquets.

Dans le fond de l'illustre armoire, il y a des sacs et des cartons provenant des beaux magasins d'Europe, renfermant des choses auxquelles nous n'avons pas le droit de toucher. Dès qu'on s'en approche, tante Irène bondit de son lit et nous chasse immédiatement par un énergique : « On ne touche pas à ça. » C'est intrigant, ces sacs, surtout ce vieux drap de lin bien serré, gros comme un éléphant, qui semble contenir quelque chose de moelleux. D'autant plus que ces paquets et le grand drap noué n'ont envahi l'armoire que depuis son retour d'Écosse. Eh oui, tante Irène a fini par aller en Europe, plus justement en Écosse, c'était quand même le voyage de sa vie. Elle n'est pas du tout partie pour s'amuser, mais pour accompagner ma grand-mère qui a subi une opération au cerveau à cause du parkinson, par le grand spécialiste écossais, docteur Gillingham. Depuis son retour, tante Irène n'a d'autre sujet de conversation que docteur Gillingham, ses magnifiques yeux bleus, ses cheveux blonds, son visage angélique, ses joues comme des pommes mûres, son élégance. Et ce merveilleux paysage d'Écosse, ces prairies, cette verdure, ces nuages bénéfiques qui cachent le brûlant soleil qui la tue au

Caire, et cet air frais qui ranime la santé. Et que faisons-nous ici dans ce pays plein de poussière et de bruit où l'on étouffe de chaleur ? Depuis, les taquineries de Fiko se sont déplacées de Gérard Philipe vers docteur Gillingham. Et nous le suivons.

Un jour, nous arrivons chez ma grand-mère Victorine vers sept heures du soir, Irène est à sa réunion de la JIC pour organiser une excursion de jeunes à Alexandrie. Nous décidons d'attaquer le drap de lin. Fiko laisse le Tintin qu'il est en train de lire et l'aventure commence. Nous défaisons péniblement les multiples nœuds qui tiennent le drap bien fermé, et voilà que jaillit soudain dans notre face une bouffée incontrôlable de tulle blanc. C'est une robe de mariée aux multiples couches de tulle, avec plusieurs jupons. Notre stupeur est suivie d'un fou rire indescriptible, et Rafik décrète qu'Irène a acheté la robe avant de trouver le mari. Le drame surgit quand nous essayons de remettre la robe dans le drap et de refermer le tout. Mission impossible. Nous avons beau faire, il y a toujours un bout de tulle qui dépasse. Nous serons bien grondés et tante Irène nous en tiendra rigueur mais elle finira, elle aussi, par en rire. Après tout, ce qui lui importe le plus, c'est la lecture. À chaque occasion, elle m'amène à la librairie Hachette et m'offre un livre de la comtesse de Ségur. Nous aimons l'odeur des livres importés, ils sentent l'Europe. Cela donne sans doute à tante Irène l'impression d'être en voyage dans les continents de ses rêves nourris par les livres, et cela la console alors de tous les impossibles.

Chère Momo,

Contrairement à ta tante Irène, ma tante Simone est un as de la couture. Je ne peux pas te parler d'elle sans te parler aussi de tante Agathe et d'oncle Christophe avec qui elle habite à Montréal, rue Fullum. Simone et Agathe sont soudées comme des jumelles et elles se liguent toutes les deux contre oncle Christophe, le mari de tante Agathe. Tu ne t'ennuies jamais avec ces trois-là, qui se disputent et se taquinent en rigolant.

Dans la famille de maman, tante Simone est la seule qui dit haut et fort qu'elle ne veut pas de mari. Même si elle est toute souriante avec mon père et mes oncles, elle dit que les hommes lui tapent sur les nerfs. Elle n'a que des malheurs à raconter à propos d'eux : un tel est violent, l'autre est un ivrogne, l'un est coureur de jupons, l'autre n'arrête pas de mettre sa femme enceinte. Et ma mère lui donne raison tout en prenant la précaution d'ajouter : « Heureusement que, moi, j'ai un bon mari qui ne me bat pas, qui ne boit pas et ne me trompe pas. » Quand ma tante Simone n'est pas là, ma mère dit que, si sa sœur ne se marie pas, c'est qu'elle est très malade, qu'elle a eu des opérations au ventre, qu'elle ne pourrait pas avoir de bébé. D'ailleurs, tante Simone prend des médicaments de toutes les couleurs et passe son temps à se plaindre de son cœur malade et de son ventre douloureux. Elle parle de son médecin, amoureusement, de la même façon que mes autres tantes parlent de leur mari et de leurs enfants. Ses maladies la rendent importante.

Pourtant, tante Simone a tout pour plaire avec ses magnifiques cheveux longs et lourds tressés en chignon derrière sa tête, comme ceux de la reine Astrid sur l'une des cartes postales de ma mère. Elle me donne des robes car elle trouve que je fais pitié en salopettes. C'est ainsi que j'ai eu droit à un chemiser transparent et à une jupe « flair » (tante Simone me reprend à chaque fois, il faut dire une jupe « circulaire ») en velours côtelé rouge ornée d'un chien brodé. Elle m'a aussi cousu deux belles robes qui ont l'air de vraies robes achetées, l'une verte et blanche munie d'une ceinture qui s'attache en boucle dans le dos, l'autre en imprimé imitation de léopard sur laquelle il y a des boutons incrustés de fleurs de plastique. Quand je les porte, je reçois toujours des compliments : « C'est si beau cette robe, Loulou, la griffe de tante Simone, sans doute. »

Tante Agathe s'y connaît aussi en vêtements chic parce qu'avant son mariage avec oncle Christophe, elle a travaillé à la même manufacture que tante Simone. Tante Agathe est la championne des emplettes, elle connaît tout ce qu'il y a dans les grands magasins de l'ouest de Montréal et elle mentionne des noms qui s'infiltrent en moi comme dans un puits de rêve : Eaton, Morgan, Simpson, Holt Renfrew, Ogilvy's, qu'elle prononce à l'anglaise, même si elle ne connaît pas un mot d'anglais. Tante Agathe ne vient pas souvent nous voir à Noranda parce qu'elle a une petite fille, ma cousine Alice, et qu'oncle Christophe travaille presque tout le temps. C'est une femme décidée au tempérament ferme. Elle est la seule à tenir tête à mon père quand il fronce des sourcils et qu'il discute férocement. Oncle Christophe aussi discute très fort et il impressionne mon père avec ses gadgets : « Il n'y en a pas d'autre comme ça, c'est le meilleur au Canada », dit-il en vantant son briquet plaqué or qu'il allume dix fois. Puis il raconte qu'il travaille au cinéma Rivoli et, quand tante Agathe nous explique qu'il est décorateur de théâtre, tante Simone précise qu'il est plutôt peintre en bâtiment. Et la dispute recommence...

À Noranda, on n'a rien de ce qu'ils ont à Montréal. Quand je suis allée chez mes tantes Simone et Agathe pour la première fois avec Pipot, mon père avait emprunté la Cadillac de monsieur Gaulin, l'un de ses entrepreneurs forestiers, parce que la jeep ne convient pas à la grande ville et aussi parce qu'il tenait à ne pas être en reste avec oncle Christophe. Nous avons fait le voyage de nuit, plus de 700 kilomètres. Maman pensait que nous dormirions et qu'ils auraient la paix. Mais contrairement à Pipot, qui ronflait affalé sur la banquette de cuir, je n'ai pas fermé l'œil de la nuit afin de ne rien manquer des chuchotements de mes parents. Papa avait décidé de passer par la route de l'Ontario, tout asphaltée, contrairement à celle du parc La Vérendrye, graveleuse et cahoteuse, qui aurait pu abîmer la belle auto de monsieur Gaulin. Au petit matin, après avoir consulté la carte mille fois, mon père a abouti, exténué, dans la côte de la rue Fullum, entre Sherbrooke et Ontario. J'avais l'impression d'arriver dans un grand pays étranger plein d'édifices et de rues bruyantes. Les maisons étaient très hautes et j'étais étonnée de ces escaliers en colimaçon qui ornaient toutes les façades. Tante Agathe nous a accueillis les bras ouverts, vaporeuse dans sa robe de nuit légère.

Son appartement est tout en long, interminable et sombre. De chaque côté du couloir, il y a des pièces doubles : à gauche, c'est la chambre de tante Simone, à droite, c'est le salon où trône un téléviseur auquel seule tante Simone a le droit de toucher. Des tapis moelleux et profonds feutrent nos pas et les rideaux de velours noirs donnent l'impression qu'on descend une allée de cinéma.

Tout est confortable, propre, joliment décoré. Je retiens ma respiration et nous aboutissons, tout au fond de l'appartement, dans la cuisine adjacente à la chambre de ma petite cousine Alice qui dort sous un ciel de lit. Elle a l'air d'une petite princesse dans sa robe de nuit brodée mais, dès qu'elle se réveille, elle pleurniche. Maman dit : « Elle aura du tempérament, ta fille, Agathe ! » Mon père ne dit rien, mais il fronce les sourcils, et regarde Alice exactement comme il nous regarde lorsque nous pleurons pour rien. Mais Alice ne remarque pas les sourcils de mon père et elle fonce sur lui pour qu'il l'embrasse. Mon père se met à rire très fort, un peu trop fort pour que ce soit vrai qu'il rit pour de vrai.

Pipot voulait regarder la télévision, mais il était tôt le matin et, tout ce qu'on voyait, c'était un Indien dans des cercles noir et blanc. Le premier jour, nous sommes restés rivés devant l'écran magique jusqu'à la fin de la journée et puis nous avons regardé une émission d'espionnage dans laquelle jouait une comédienne toute jeune qui s'appelait Louise Marleau. Tante Agathe nous a annoncé qu'Alice, qui suivait des cours de diction chez madame Audet, serait un jour comédienne à la télévision. Mon père a ajouté, comme ça : « Alice, c'est une actrice née, elle est capable de pleurer sur commande. » Personne n'a rien ajouté.

Tante Simone a prêté son lit à mes parents et elle s'est couchée sur le sofa du salon, près de nous. Elle a ronflé, Pipot aussi, ça m'a réveillée au milieu de la nuit et je n'ai pas pu me rendormir à cause des camions et des tramways qui vrombissaient dans la rue.

Pendant les trois jours qu'a duré notre visite, tante Agathe nous a amenés visiter le Jardin botanique, le Musée de cire et le parc Belmont. Puis nous sommes allées avec elle, maman, Alice et moi, dans les grands magasins. Alice portait des souliers vernis et une jupe de plaid toute plissée. Avant de partir, tante Agathe s'est maquillée et a mis un tailleur de shantung rouge vif. Oncle Christophe nous a regardées, maman et moi, l'air un peu dédaigneux devant nos petites jupes de coton : « Vous allez voir que les femmes sont chic à Montréal. » Nous sommes revenues exténuées de notre randonnée en tramway, en trolleybus et à pied. On n'a rien acheté, tout était trop cher et maman disait : « On a trop de bagages. » Nous étions affamées et oncle Christophe a commandé par téléphone des pizzas qui sont arrivées une heure plus tard encore toutes tièdes et parfumées.

Le lendemain, nous sommes repartis pour l'Abitibi la tête pleine d'images futuristes. Mais quel plaisir de retrouver nos frères, nos amis, la grande rue qui nous sert de terrain de jeu, nos petits fossés de quenouilles derrière la mine, notre ciel à perte de vue.

Chère Loulou,

Loulou, je te présente le frère cadet de mon père, oncle César, qui ne lui ressemble pas du tout, ni physiquement ni mentalement. Tout le monde dit qu'il a un caractère un peu spécial, mais moi je l'aime bien parce qu'il me remarque toujours et s'adresse à moi avec une sorte d'admiration amusée. Il dit que je suis une enfant très intelligente et ça me flatte. Quand il vient chez nous pour discuter avec mon père, ça finit toujours par des cris qui résonnent dans le salon de ma mère et qui la mettent très mal à l'aise. Je crois qu'ils ne sont jamais d'accord sur le travail et ça me gêne parce que je n'aime pas que les gens se disputent et j'apprécie la compagnie d'oncle César. Grand-papa regrette souvent, à haute voix, qu'oncle César n'ait pas réussi ses études de médecine. Il avait mis ses espoirs en lui pour s'assurer de la présence d'un médecin dans la famille qui le soignerait durant ses vieux jours. Il l'avait envoyé à grands frais étudier à Beyrouth. Mais il est revenu bredouille, ce n'était pas sa vocation. Mon père avait déjà fondé son usine de textile et, à la demande de mon grand-père, il y a incorporé son frère. Mais je vois souvent que papa est heurté par les agissements d'oncle César. Papa déteste la chicane et ne supporte pas la mesquinerie. J'ai l'impression que c'est papa qui fait toujours les concessions pour avoir la paix. Mon grand-père se mêle quelquefois de leurs disputes et finit par se faire du mauvais sang. Nos dimanches chez mes grands-parents sont souvent entachés de l'écho des voix des frères discutant au salon en prenant mon grand-père pour arbitre.

Oncle César s'est marié avec une toute jeune femme, belle comme une poupée, qui s'appelle Émilie et que nous appelons tante Lolette. Elle est vraiment délicieuse et elle a à peine seize ans quand elle vient s'installer chez ma grand-mère Mariam au début de son mariage. Tante Lolette n'a plus sa mère, alors elle appelle ma grand-mère « maman » et, si le couple se chamaille, ma grand-mère prend toujours la défense de Lolette. Elle dit qu'il faut de la patience pour supporter son fils César, mais qu'il a aussi des qualités. Il aime acheter des belles choses et veut que sa femme soit éduquée, alors il lui amène des professeurs pour lui donner des cours privés à la maison. Ça nous amuse parce qu'on a l'impression que tante Lolette est une enfant comme nous.

Tante Lolette tarde à tomber enceinte. On prétend qu'on lui a peut-être jeté un sort. Ma mère dit que ce sont des sottises. Mes tantes pensent qu'il y a peut-être une femme jalouse qui, par dépit, aurait jeté un sort à Lolette. Cette histoire va te sembler incroyable, Loulou. Voici qu'un matin tante Lolette décide de refaire battre le coton du matelas de son lit. Parce que, chez nous, les matelas sont bourrés de coton brut et, de temps en temps, il faut mousser le coton qui s'aplatit avec l'usage. Le rembourreur défait la cretonne pour vider le coton et le battre sur la terrasse avec un instrument qui ressemble à une harpe. Il trouve alors un sachet de tissu dans lequel est inscrite une formule de magie. C'est un sort. Tout le monde est ahuri. Ma grand-mère le donne au prêtre pour qu'il fasse des prières, parce que c'est ainsi qu'on réussit à dénouer le sort. Quelques mois plus tard, tante Lolette est enceinte. Un petit cousin nous est né, beau comme un Apollon, puis deux autres, blonds comme les blés, aux yeux bleus, ce qui est rare en

Égypte. Ce sont nos jouets favoris et le second est mon préféré. J'aime le porter et l'embrasser sur ses belles joues rouges, mais Angèle, sa nounou arménienne, ne me laisse pas faire, elle dit que je vais lui donner des microbes. Je n'aime pas cette Angèle.

Dans la famille de mon père, faire des études supérieures avait moins d'importance que de se tailler une place dans le monde de l'industrie et du commerce. Aussi, ni mon père ni mes oncles, et encore moins mes tantes paternelles, n'ont dépassé le niveau du bac. Papa a fait l'École des beaux-arts et les autres ont appris bien des choses sur le tas. Mais, quand oncle César parle, il le fait avec une telle conviction et une telle aisance qu'on a l'impression qu'il est très instruit. Sans doute qu'il lit beaucoup. Ils ont des livres dans leur bibliothèque et pas seulement des bibelots. Des beaux livres reliés.

Oncle César est le seul de la famille qui habite Héliopolis, un quartier calme et chic en banlieue du Caire. Nous allons rarement chez lui mais c'est toujours avec beaucoup d'excitation. Nous avons l'impression de partir en voyage car, autour de chez eux, il y a beaucoup de jardins et on se penserait en Europe. L'appartement de tante Lolette est aussi délicat qu'elle, même si c'est mon oncle qui a tout choisi et tout décidé. Il y a des beaux meubles et des bibelots en porcelaine de Sèvres, et ça sent toujours les fleurs. Et puis, la cuisine que fait tante Lolette est divinement bonne. Oncle César le reconnaît et la félicite ouvertement devant nous. Ils ont l'air heureux. Même si parfois on a peur du ton autoritaire d'oncle César quand il s'adresse à ses enfants.

Je me faufile souvent pour écouter la conversation des grands. J'entends quelquefois tante Lolette se plaindre à ma mère du caractère de son mari. Ma mère est choquée de ce qu'elle entend, elle qui est si libre de ses mouvements. De retour à la maison, elle dit à papa : « Parle à ton frère, il exagère. » Mon père lui parle, mais c'est peine perdue. Il le regarde avec un sourire sarcastique car il est sûr de posséder la vérité. Il méprise un peu mon père parce que c'est un artiste bohème et qu'il est très généreux de son temps et de son argent. Nous trouvons qu'il est sévère avec nos cousins. Ça nous effraie. Mais eux ne s'en plaignent pas. Il faut dire qu'oncle César est très proche de ses enfants, il s'en occupe personnellement et ne fait pas confiance à Lolette. Ils ont toujours de beaux jouets très chers mais très éducatifs. Et quand nous montons à cheval aux Pyramides, ma mère décide que nous aurons un cheval à partager, mon frère et moi, une demi-heure chacun, alors que les enfants d'oncle César ont chacun le leur pour une heure. Quelle chance ! Et puis, quand on commande le déjeuner, maman nous oblige à nous entendre, mon frère et moi, pour choisir le même plat à partager pour ne pas gaspiller, mais eux ont la liberté de choisir chacun le leur selon leur envie. Nous admirons beaucoup oncle César pour cela et nous pensons que c'est le meilleur des papas. Quand on en parle à maman, elle nous fait une moue ricaneuse et nous dit d'aller mettre sur nos langues un citron amer. Elle veut dire ainsi que nous sommes des sots.

Tante Lolette est toujours très bien habillée, selon le choix d'oncle César qui, devant le monde, la regarde avec satisfaction. Quand ils vont le samedi soir à une réception ou bien à l'opéra avec mes parents, ils passent quelquefois prendre un whisky chez nous. J'aime voir tante Lolette dans sa robe de velours noir ornée d'une broche en diamant et surtout j'aime sentir l'odeur de son parfum Arpège de Lanvin.

Toute la famille sait qu'oncle César aime les tribunaux, c'est sa marotte. Peut-être qu'il aurait dû être avocat. Rien ne se règle avec lui, tout litige dure des années. Aussi, on l'a nommé César-le-justicier. On le respecte parce qu'il a de la prestance. Et on l'aime parce que, dans la famille de papa, personne ne remet en question l'importance de l'amour familial. C'est à oncle César que mon grand-père semble faire le plus confiance, même s'il voit clair et le critique parfois. C'est qu'il sait lui faire croire qu'il est le plus intelligent, le plus juste et le plus rigoureux. Mon grand-père dit souvent que mon père est un gaspilleur et oncle Freddy un beau parleur. Il semble croire que César saura gérer, mieux que quiconque, les biens de la famille. Mais ma grand-mère dit que César n'aime que lui-même et n'en fait qu'à sa tête, peu importe l'avis d'autrui et l'intérêt commun. Et moi, je la crois sur parole, parce que ma grand-mère, c'est une vraie sainte avec une auréole. Là-dessus, tout le monde est d'accord, même oncle César.

Chère Momo,

Dans la famille de mon père, on affectionne les surnoms. Par exemple, l'un des frères de mon père s'appelle Maurice, mais tout le monde l'appelle Moineau. Comme oncle Moineau habite à Noranda, il vient souvent à la maison. Il s'amène presque toujours à l'heure du midi pour que maman l'invite à manger avec nous, évidemment. Oncle Moineau est passé maître dans l'art de tourner un beau compliment. Grâce à lui, nous redécouvrons la cuisine de ma mère quand il dit avant la première bouchée : « Il est excellent, ton pâté chinois, je n'en ai jamais mangé de pareil. » Il apprécie la compagnie turbulente de notre grande famille et quand il repart après avoir dégusté plusieurs galettes à la mélasse, maman reste songeuse : « Quel enjôleur, je ne comprends pas pourquoi il vient manger ici, il est plus riche que nous pourtant. » Puis elle ajoute qu'il s'ennuie peut-être : il n'a qu'une fille et sa belle Darquise n'est pas souvent à la maison.

Mon oncle Moineau a l'air au-dessus de ses affaires, toujours tiré à quatre épingles, de bonne humeur. Il est très différent de mon père, qui se fait du souci et qui s'habille comme un homme des bois, chemise à carreaux, pantalon de travail, parka et bottes de caoutchouc. Oncle Moineau travaille lui aussi pour la CIP et, à le voir, on jurerait qu'il est un directeur de compagnie tout fin prêt pour un cocktail. Même s'il s'occupe de sécurité forestière, papa dit qu'il reste au bureau plus souvent qu'à son tour. D'ailleurs, tu devrais voir son auto, Momo, une belle grande Buick de modèle récent, rutilante, genre voiture de curé. Mon oncle et son auto ne font qu'un : je n'ai jamais vu oncle Moineau se promener à pied.

Très sociable, il fait partie de tous les clubs sociaux, des Richelieu aux Rotary en passant par les Optimistes. Tante Darquise n'est pas en reste dans sa participation aux organismes de charité et de défense des droits de la femme. Tout m'impressionne dans leur maison : les meubles de style pompadour, les tapis moelleux, les fauteuils de brocart, les rideaux de velours, les bibelots de porcelaine, les plantes tropicales. Ça me paralyse même. Tante Darquise est très occupée car elle a beaucoup d'amis très riches en ville avec qui elle joue au bridge.

Ça énerve justement ma mère que tante Darquise ait l'air si riche, si heureuse et si épanouie. Elle s'imagine qu'il doit y avoir quelque chose qui cloche dans sa vie et qu'on ignore. Moi, je la trouve plutôt amusante, ma tante Darquise. Elle me traite avec gentillesse et elle ne se plaint jamais de ses bobos. Au fait, elle est un as du tennis, ce qui la garde dans une forme incroyable. Ils ont une petite fille, ma cousine Michou, qui a l'air de s'ennuyer même si sa chambre est remplie de jouets et de poupées.

Je suis un peu jalouse de Michou parce que son père l'appelle Minette et n'arrête pas de la dorloter. Tout le contraire de mon père, qui m'appelle souvent la Suffragette et très rarement la Coucoune. Je ne reste jamais longtemps chez oncle Moineau, j'ai peur de briser de la vaisselle ou de salir la serviette blanche et brodée quand je m'essuie les mains. Je respire déjà mieux quand je reviens à la maison en traversant les rails du CNR qui sillonnent la cour de la fonderie de cuivre.

Toute la famille est invitée chez oncle Moineau une fois tous les deux ou trois ans pendant la période de Noël. Tu devrais voir les décorations de tante Darquise ! C'est du calibre de tante Carmen, mais en plus chic. Oncle Jean, qu'on appelle Johnny, est invité lui aussi avec tante Darquise numéro deux et leurs deux fils, nos cousins bilingues de l'Ontario. On s'amuse beaucoup, on a les joues toutes rouges à monter et à descendre les escaliers. Pendant ce temps, les adultes discutent et jouent aux cartes. Tante Darquise numéro un en profite pour tout raconter ce qui ne va pas entre elle et oncle Moineau et, même si elle en remet pour nous faire croire que c'est un cas de divorce, oncle Moineau ne bronche pas. On dirait que ça ne l'atteint pas plus que de l'eau sur le dos d'un canard.

Oncle Johnny, le boute-en-train des réunions de famille, ne rate pas une occasion de tourner la situation en ridicule, il peut même mimer mes tantes quand elles ont le dos tourné, tante Darquise numéro un avec son air pincé, tante Darquise numéro deux avec son air découragé. Il parle très vite (ma mère dit qu'il mâche ses mots), ce qui nous oblige à l'écouter attentivement jusqu'à ce qu'il lance sa petite phrase hilarante.

Quand on revient à la maison, ma mère nous dit avec fierté : « On n'est pas riches, mais on a de l'instruction et plusieurs enfants. » Elle trouve que tante Darquise numéro un ne s'occupe pas assez de sa fille, que tante Darquise numéro deux n'est pas assez autoritaire avec ses fils. Et on a droit à tout un discours sur la nécessité d'être présent et ferme avec les enfants, sinon ils pleurent pour rien. Nous, on n'a pas la chance de pleurer pour rien, même pas une seconde, parce que dès qu'on renifle un peu, mon père menace de nous gifler en disant : « Tu vas pleurer pour quelque chose. »

Chère Loulou,

Tout comme ton oncle Johnny, mon oncle Freddy est le boute-en-train de la famille. C'est le plus jeune des frères et sœurs de papa, la star de la famille, le poète manqué, le beau garçon adulé des femmes, le chéri de sa mère, le souffre-douleur de ses frères aînés, le débrouillard, le hâbleur, le bluffeur, le chanteur de pomme, l'oncle que nous idolâtrons, nous les enfants. C'est aussi le parti le plus en vue en ville et toutes les mères en rêvent pour leur fille. Ma grand-mère Mariam a vraiment hâte qu'il se marie pour qu'il se case enfin, car c'est un joli coureur et elle n'aime pas beaucoup ça. Pour nous, c'est un père Noël à longueur d'année. Il nous éblouit par sa générosité. Il nous organise toutes sortes de jeux-questionnaires et il nous fait gagner des sommes d'argent faramineuses à nos yeux, qui équivalent à plusieurs semaines de notre argent de poche accordé parcimonieusement.

Enfin, le vœu de ma grand-mère est exaucé. Freddy leur annonce qu'il a choisi Marie-Ange, la deuxième fille d'un cousin de mon grand-père. La joie est à son comble chez mes grands-parents, car le cousin est un notable et ses filles sont belles et très bien éduquées. Marie-Ange est au pensionnat du Sacré-Cœur, en classe de seconde, et elle a dix-sept ans. Toute la famille est heureuse de ce mariage. Oncle César a déménagé dans son appartement, et, chez mes grands-parents, la place est libre pour héberger le nouveau couple en attendant qu'ils installent le leur. Nous sommes surexcités parce qu'il y a des festivités dans l'air et que nous allons avoir une nouvelle tante qui ressemble à une fée. Elle est grande, mince, blanche aux joues rouges et aux cheveux miel. On ne voit plus oncle Freddy, trop occupé avec sa fiancée. Il nous délaisse et il nous manque. Mais cela va reprendre de plus belle quand il sera marié et qu'il viendra habiter rue Kasr El Eini, là où nous allons tous les dimanches après-midi.

J'ai été choisie avec Line, la plus jeune sœur de Marie-Ange, pour tenir la traîne de la mariée à l'église. Et puis, honneur suprême, je vais participer à quelque chose d'extraordinaire, l'étalage du trousseau, qui se déroulera une semaine avant le jour du mariage. Je dois te raconter ça, Loulou. Quand la mariée apporte son trousseau dans sa nouvelle maison, on donne une réception à l'heure du thé pour les dames. Et pendant qu'elles goûtent petits fours et bâtons salés, les sœurs de la nouvelle mariée et ses amies d'enfance défilent dans le salon avec les plus belles pièces du trousseau de la mariée afin que les dames puissent les admirer et en parler dans les autres salons. On montre alors les robes du soir perlées à la main, les draps de soie brodés à la main, les sacs en crocodile et... les chapeaux. Moi, Loulou, j'ai la chance de présenter les chapeaux de tante Marie-Ange. Je tiens avec soin la boîte ronde de carton beige cerclée de doré. En tournant dans le salon, je la penche pour que les dames puissent bien s'extasier sur la beauté du chapeau et commenter le talent minutieux de la chapelière.

Le lendemain du mariage, oncle Freddy et tante Marie-Ange sont partis en voyage de noces en Italie, sur un beau bateau en partance de Port-Saïd. Ce même été, nous sommes partis passer les vacances au Liban et nous nous sommes ennuyés à mourir à la montagne. Notre bateau de retour arrivait à Port-Saïd le même jour que celui des mariés. Nous étions déjà sur le quai quand je les ai vus avancer vers nous dans une petite barque à rames, parce que leur bateau était trop gros pour entrer dans le port. Oncle Freddy, vêtu de blanc, se tenait debout à la pointe de la barque, il ressemblait à un acteur de cinéma. Tante Marie-Ange était assise sur la banquette, portant une jupe ample fleurie et un très beau chapeau de paille d'Italie avec lequel je n'avais pas tourné dans le salon puisque mon oncle le lui avait acheté à Capri.

L'appartement où ont emménagé oncle Freddy et tante Marie-Ange est un bijou d'élégance et d'originalité. Il est situé dans un quartier chic qui s'appelle Dokki, pas très loin de Zamalek, notre quartier. Tante Marie-Ange est un modèle de gentillesse, de simplicité, d'innocence et de charme. Dans son appartement, il y a un piano à queue allemand de marque Bechstein qu'oncle Freddy a acheté au palais du roi Farouk après la révolution. C'est une vraie merveille en laque noire dont les touches sont en ivoire, toutes luisantes, pas jaunies et écornées comme celles de notre piano qui sonne comme une casserole. Comme je prends des leçons de piano, j'ai le droit de jouer quand je vais chez eux. Mes doigts jouent tout seuls car les touches sont si douces, et mon oreille savoure l'infinie délicatesse du son. Il y a aussi chez eux quelque chose qui n'existe dans aucun des appartements de la famille, une chambre entière consacrée aux livres, une bibliothèque. Tous les livres sont reliés en cuir rouge. Le titre est gravé sur le côté ainsi que le nom de l'auteur et les initiales de mon oncle et de ma tante. Sur la première étagère de gauche, une série de livres reliés en cuir rouge porte le titre: «Les bienfaits de la boisson». L'auteur est Freddy. Sur l'étagère de droite, on retrouve la même série de livres mais ils s'intitulent «Les méfaits de la boisson» et l'auteur en est Marie-Ange. En vérité, ce sont des petites portes en trompe-l'œil qui dissimulent le bar de la bibliothèque. Tous les visiteurs s'extasient devant ce bar.

Oncle Freddy a aussi un tourne-disque qui joue les 78 tours de Mouloudji, Charles Aznavour, Édith Piaf, Joséphine Baker et Dalida. Il est encastré dans un meuble art déco et les disques sont rangés dans des albums de cuir rouge. Oncle Freddy a une imagination sans limites. C'est un artiste qui prend la vie pour une scène. Il est très recherché en société et fréquente des gens chic et européanisés. Cela éblouit la famille et en même temps lui attire des pointes de jalousie et des moqueries de ses sœurs et frères, surtout de César qui le prend pour un toqué. Oncle Freddy et tante Marie-Ange sont mes modèles. Quand je serai grande, je veux avoir une maison comme la leur. Je veux être comme tante Marie-Ange, qui me fait certaines confidences et s'adresse à moi comme si j'avais son âge.

Quand oncle Freddy part en Europe, elle demande à maman de m'envoyer dormir avec elle. Pour moi, c'est un privilège, une joie immense, et je suis très flattée. Je me sens dans un monde au-dessus du mien, un monde plus raffiné que celui de notre maison. Je dors près d'elle, dans son grand lit, à la place de mon oncle. Et les draps fraîchement repassés sentent la lavande. Je hume l'odeur de sa peau, son parfum de Balenciaga. Au milieu de la nuit, elle se réveille et allume la lampe de chevet pour regarder l'heure. J'ouvre les yeux et je vois qu'elle est inquiète mais elle me dit de me rendormir. Elle allume le transistor pour écouter *Voice of America*. Elle se sent si fragile en l'absence de son mari qui semble être le seul homme de sa vie. Et pour moi, c'est le plus vrai des magiciens. Oncle Freddy aussi tourne autour de mon grand-père pour lui montrer qu'il est le meilleur de tous ses enfants. Et quand il se retrouve avec oncle César, les cris montent et ma grand-mère se lamente, essayant de ménager la chèvre et le chou. Seul mon père n'agresse personne. Il les subit tous.

Chère Momo,

Les deux autres frères de mon père sont des célibataires, mais pour des raisons différentes. Oncle Paul, qu'on appelle Tipolo, semble avoir choisi de ne pas se marier alors qu'oncle Doudou, qui est très jeune, est un prêtre. Ils sont tous les deux très sérieux. Oncle Tipolo habite chez grand-mère Adèle, il est sans histoire, n'ayant ni femme, ni enfants, ni maison, ni possessions, sauf une auto. C'est un genre d'ours mal léché qui ne supporte pas le bruit que nous faisons et, même si grand-mère essaie de lui expliquer que nous ne sommes que des enfants après tout, il reste sur ses positions : il nous trouve mal élevés !

Oncle Tipolo est tout le contraire d'oncle Doudou qui a étudié au Grand Séminaire de Montréal. Oncle Doudou ne laisse deviner aucune malice. Aucune. Il est celui qui essaie de comprendre. Parce qu'il est impossible de se fâcher contre lui, même mon père parle calmement à son petit frère Doudou qui a presque vingt ans de moins que lui. Il a le don de dire le mot qui nous fera sourire au cœur des choses. Quand il était étudiant à Mont-Laurier avant d'aller au séminaire, nous le voyions arriver à la maison en route vers Ville-Marie où il passait ses vacances des Fêtes. Il arrivait en plein dans les préparatifs de Noël et j'étais suspendue à ses lèvres quand il nous parlait de la longue route du parc La Vérendrye, cette réserve faunique de plus de deux cents kilomètres, qu'il venait de traverser en autobus dans la tempête. Après Noël, il devait retourner à Montréal par l'Ontario parce que la route de la réserve était fermée pour l'hiver, nous isolant de la grande ville jusqu'au printemps.

Un été, nous sommes tous allés à l'ordination d'oncle Doudou, qui devait avoir lieu dans la belle église de Ville-Marie. J'imaginais déjà le soleil à travers les vitraux, les fleurs, la musique d'orgue, ma mère m'avait même fait une jupe neuve pour la circonstance. Et voilà que quelque temps avant l'ordination d'oncle Doudou, l'église a brûlé. Nous avons dû nous contenter du sous-sol d'une école. Imagine, Momo, l'évêque et sa mitre dans le sous-sol d'une école ! Mais oncle Doudou est resté le même, humble et gentil.

Oncle Doudou vient encore nous rendre visite, ce qui nous enchante chaque fois. Maman dit qu'il est dans son élément parce que la bonté lui sort par les oreilles. C'est un homme qui porte à la confidence et on dirait qu'il sait deviner la peine qu'on voudrait cacher. Quand je pleure, il me prend dans ses bras, il me berce, et je n'ai besoin de rien lui dire pour qu'il sache tout. C'est vrai qu'il ne parle jamais de frivolités ni d'argent. Ça ne compte pas pour lui. Il me demande : « As-tu de beaux projets à réaliser ? Quel est ton but dans la vie ? » Personne ne me pose de telles questions en me regardant droit dans les yeux. Je ne sais que répondre mais ça me fait drôlement réfléchir, et ça me change des questions de mes autres oncles et tantes, du genre : « En quelle année es-tu rendue à l'école ? Quel âge as-tu ? As-tu un petit ami ? » Parfois il m'envoie une carte sur laquelle il écrit des phrases poétiques sur l'espoir, l'amour des autres, le pardon, l'humilité. Il n'a jamais besoin de se sentir supérieur, ses yeux sont comme un lac tranquille.

Chère Loulou,

Comme il est joli, ton oncle Doudou. Je l'aime. Je vais maintenant te présenter la sœur aînée de papa, tante Marguerite, qui est mariée à oncle Alfred, qui vient de Tantah, une petite ville où l'on s'arrête pour laisser respirer le moteur de la voiture quand on va à Ras El Bar. Son fils aîné a mon âge, le cadet a l'âge de mon frère. Quant à sa fille, elle est trop jeune pour qu'on joue avec elle. Comme leur balcon donne sur le jardin-terrasse de mon grand-père, tante Marguerite n'a qu'à sortir sur son balcon pour bavarder avec sa mère à qui elle est très attachée. Tante Marguerite est bonne et gentille. Elle est de santé fragile, ce qui la rend chétive et recroquevillée sur elle-même. On dit qu'elle a « le cœur » et pour cela tout le monde évite de l'énerver, surtout oncle Alfred, qui est très fier d'être son mari. Autant tante Marguerite est maigre et petite, autant oncle Alfred est rond et rayonnant de santé. C'est un vrai « monsieur » avec sa chemise blanche amidonnée, sa cravate parfaitement nouée et son mouchoir de poche placé avec élégance dans la pochette de sa veste, sans compter sa bonne odeur de cologne Atkinson importée d'Angleterre. C'est un homme fier de son apparence et qui ne sort de chez lui que tiré à quatre épingles, ce qui a, plus d'une fois, irrité tante Marguerite qui, avant une sortie, est prête depuis belle lurette, alors qu'il s'évertue encore devant le miroir à ajuster les plis de son mouchoir. Elle finit par lui lancer avec un calme apparent : « Alors, Alfred, la mariée est-elle prête ? »

Quand nous arrivons chez mes grands-parents, nous courons à la terrasse et nous crions vers le balcon de tante Marguerite. Nos cousins s'apprêtent à descendre pour nous rejoindre, mais ma mère, qui veut avoir un peu de paix pour bavarder avec sa belle-mère, nous incite plutôt à monter chez eux. Nous trouvons habituellement tante Marguerite dans son lit ou dans un fauteuil, vêtue d'une épaisse robe de chambre. Elle nous reçoit avec tendresse et chaleur. Elle nous admire, nous, les enfants de son frère aîné et elle nous trouve plein de qualités. Elle ausculte toujours la robe que je porte, touche le tissu, me demande quelle couturière me l'a faite et me dit que ma mère a du goût. Elle nous offre des biscuits Marie et, au temps des Fêtes, elle nous gratifie d'un chocolat de sa bonbonnière en porcelaine de Sèvres placée sur la table du salon. L'atmosphère est plutôt sombre dans cette maison car il n'y entre pas beaucoup de soleil. Nous nous amusons avec nos cousins et, si nous nous disputons, nous devons toujours finir par leur donner raison. Tante Marguerite surprotège ses enfants et prend leur défense en toutes circonstances, même s'ils sont dans leur tort. Et comme il ne faut pas la contrarier, à cause de son cœur, tout le monde laisse passer.

Le Vendredi saint est son jour de gloire. Ce jour-là, oncle Alfred, qui est marguillier à l'église orthodoxe des Saints-Archanges, est l'un des porteurs du cercueil symbolique du Christ, entièrement fleuri d'œillets rouges, que l'on parade en procession dans la grande cour extérieure. Toute la communauté est là, tenant des cierges allumés. Tante Marguerite se met au premier rang de la foule pour regarder passer son mari dans toute sa splendeur. Quand il arrive devant elle, oncle Alfred détache alors un œillet et le lui donne. Marguerite devient aussi rouge que l'œillet tant ça lui fait plaisir, ce qui suscite l'admiration des gens autour. De retour chez elle, elle place l'œillet dans un verre d'eau, devant la grande Sainte Vierge en plâtre qu'elle a gagnée à la tombola de l'église Sainte-Thérèse et qui trône au-dessus du coffre-fort recouvert d'une nappe brodée.

Sous son air fragile, tante Marguerite est forte de caractère. Elle mène sa maison avec ordre et veille soigneusement à l'éducation de ses enfants, qui sont vraiment sa seule préoccupation. Contrairement à nos parents, elle n'a presque pas de vie sociale. Elle reçoit rarement, le minimum requis pour faire partie de la société des dames de son milieu. Sa promenade se limite à celle du jeudi après-midi, jour de congé des enfants, au casino Béba, où les pères nous rejoignent dans la soirée.

Les après-midi à Ras El Bar, tante Marguerite porte une robe en coton piqué fleurie et des sandales blanches. Oncle Alfred met son costume en *sharkskin* blanc et ses souliers blancs à la pointe havane. Ils vont s'asseoir au casino Fardous sur la croisette qui longe le Nil. Tante Marguerite commande une bouteille de Spatis, une boisson gazeuse qu'elle partage avec ses enfants, et oncle Alfred prend un café turc. De temps en temps, ils vont marcher un peu sur la croisette pour regarder les magasins de colifichets et de sabots de bois décorés de lanières multicolores. Tante Marguerite n'achète rien car elle dit que ce sont des choses inutiles et trop chères. Elle préfère acheter un joli bijou en or qui ne perdra pas sa valeur. Vers la fin de la saison estivale, les magasins de la ville de Damiette, toute proche, envoient des tonnes de marchandises vers Ras El Bar pour que les estivants achètent ce dont ils ont besoin pour la rentrée d'automne. Les souliers de cuir sont à l'honneur et à un prix très compétitif par rapport au Caire. Toutes les belles-sœurs se précipitent pour acheter aux enfants les souliers pour l'hiver. Tante Marguerite, que les courses fatiguent, envoie les siens avec tante Rosette, en lui recommandant de choisir des souliers bruns à semelle de crêpe résistants pour l'école et de prendre une pointure plus grande car leurs pieds grandissent trop vite. De retour au casino, les enfants exhibent leurs souliers, les montrant les uns aux autres, pour les comparer et comparer les prix. Moi, je suis toujours frustrée ce jour-là car ma mère ne m'achète rien, elle trouve que ces souliers manquent d'élégance. Il ne me reste plus qu'à ravaler mon dépit avec un verre de coca-cola dont elle me gratifie pour me consoler.

Toute la famille dit que je ressemble à tante Marguerite. Moi, je préférerais ressembler à tante Rosette que tout le monde trouve très belle parce qu'elle a des yeux bleus. Mais non, c'est bien à tante Marguerite que je ressemble avec mes yeux bruns et mes cheveux châtains bouclés. Et elle sait que je lui ressemble. C'est sans doute pour cela qu'elle m'offre une qualité de tendresse très particulière qui reste imprégnée dans le fond de mon cœur.

Chère Momo,

Tante Mimi, l'une des quatre sœurs de papa, est célibataire, tout comme tante Anita, une religieuse que je n'ai presque jamais vue tant elle est occupée à diriger son grand hôpital. À la maison, nous avons une photo d'elle quand elle était jeune et sur laquelle elle se tient derrière un traîneau attelé à un âne. Sous la photo, c'est écrit : « Anita et Finette, 1938 ». Mon père m'a raconté que Finette était une ânesse intelligente qui pouvait aller toute seule chercher mes tantes à l'école pour les ramener à la maison. Comme quoi tous les ânes ne sont pas des ânes !

Par contre, tante Mimi, je la connais bien, très bien même, parce qu'elle habite avec grand-mère Angèle et oncle Tipolo. Elle est la bonne humeur et la générosité mêmes. Elle m'offre des cadeaux de cinq sous qui valent une fortune pour mon cœur et elle sait d'instinct comment me faire plaisir. Avec elle, tout désordre est bienvenu, ce qui me met à l'aise mais qui ne plaît pas beaucoup à grand-mère Adèle, un modèle d'ordre et de propreté. Tante Mimi est grassouillette, ce qui la rend encore plus douillette quand elle me berce dans la grande berceuse de rotin près de la vitrine où est exposée sa collection d'éléphants en porcelaine.

Un jour que nous sommes allés chez grand-mère Adèle, nous avons trouvé la maison toute chambardée. Tante Mimi ouvrait un salon de coiffure, *Chez Mimi*, un vrai salon avec séchoir, lavabo noir, lotions diverses pour permanentes, traitements capillaires et teintures, et tout et tout. Tante Mimi m'a permis de rester assise dans un fauteuil pendant qu'elle coiffait ses premières clientes, à condition que je ne la dérange pas dans sa conversation. Tante Mimi devient un flot de paroles dès qu'elle se lève le matin et elle n'arrête ses histoires que le soir, tard, quand elle monte se coucher dans la grande chambre qu'elle partage avec ma grand-mère. Elle n'a jamais besoin de se casser la tête pour savoir quoi dire ni de se tourner la langue sept fois dans la bouche pour savoir quoi ne pas dire.

J'adore le salon de coiffure de tante Mimi et, chaque fois que j'y vais, je me cache derrière un grand *Bulletin des agriculteurs* et je retiens mon souffle pour qu'on m'oublie pendant qu'elle raconte à ses clientes les histoires que d'autres clientes lui ont racontées la veille : madame Patry a fait une fausse couche, madame Simard a perdu son mari dans un accident de voiture. Madame Clément, qui est censée ne rien entendre sous son séchoir, crie tout à coup : « Madame Simard avait-elle des assurances ? » Tante Mimi s'arrête, le temps de faire comme si elle n'avait pas compris la question, puis elle raconte une autre de ces histoires qui se modulent selon les clientes et en viennent à faire partie de l'ondulation des cheveux.

Tante Mimi s'offre à me coiffer pendant les heures creuses. Elle joue dans mes cheveux blond blanc qu'elle arrive difficilement à boucler et, une fois la séance terminée, elle me les montre dans un miroir à poignée de nacre. Elle profite de mon passage sous le séchoir pour arroser ses violettes africaines et ses fougères qu'elle tâte de ses doigts légers, comme si elle les coiffait elles aussi. Le soir, je me couche la tête heureuse à côté de tante Mimi dans son lit mou. Je pense que rien ne peut m'arriver et que mes cheveux resteront frisés le reste de mes jours. Mais le matin, je me lève toute décoiffée, les cheveux raides. Tante Mimi me dit de ne pas m'en faire et elle répare les dégâts en un coup de peigne avant même le petit-déjeuner.

Le téléphone se met à sonner : « Oui, madame Caya, je vais vous coiffer, à l'heure que vous voulez. Ah oui ? Ne me dites pas ! Venez me raconter ça, je vous attends ! »

Chère Loulou,

Comme elle est amusante, ta tante Mimi, avec son salon de coiffure maison ! Tu vois, jamais aucune des miennes n'aurait osé faire quelque chose de si original. Elle serait devenue la risée de la société.

Ma tante Rosette, la deuxième sœur, la préférée de mon papa, a des yeux bleus comme les cieux et fait l'admiration de mon grand-père Razzouk, qui la regarde, ému, et lui dit souvent : « D'où viennent ces si beaux yeux bleus, Rosette ? » Moi, je sais déjà qu'avoir les yeux bleus comme ceux de tante Rosette, c'est l'assurance de ne pas rester vieille fille. Parce que les dames sont toujours très fières quand elles annoncent que leur fils a choisi « une fille qui a les yeux bleus ». C'est qu'il y a là un beau risque d'avoir une descendance aux yeux bleus, chez nous où les yeux noirs sont légion et les yeux bruns (comme les miens) parfaitement communs. Aussi les prétendants affluent pour tante Rosette, elle a l'embarras du choix.

Il s'appelle Élias et il est pharmacien. Un mari diplômé, c'est bien, mais il faut surtout qu'il soit de bonne famille et fortuné. Oncle Élias l'est. Il possède une pharmacie, une voiture Dodge et un chauffeur. C'est aussi le seul fils de dame Naïma, très respectée dans la société. Je n'ai que deux ans quand tante Rosette se marie et, plus tard, j'admire sa robe de mariée sur la photo du couloir que je regarde toujours quand je passe. Elle est attirante, cette robe, car elle est en brocart de Damas, une soie blanche tissée au fil d'or.

C'est la plus belle de toutes les robes dans les photos de mariage et je rêve de la porter un jour.

Mon rêve se réalise à l'âge de dix ans. C'est la fête de ma Révérende Mère et, au pensionnat, nous répétons une pièce de théâtre où je tiens le rôle d'une princesse dissimulée dans un énorme chaudron et qui va jaillir avec la vapeur. La maîtresse veut qu'on trouve une robe qui brillera sous les éclairages. Je me précipite chez tante Rosette pour lui demander de me prêter sa robe de mariage, ce qu'elle fait de bon cœur. Elle me passe ses souliers à talons pour que je l'essaie devant son miroir et, imagine-toi, Loulou, que, à part la longueur, la robe me va comme un gant. Tante Rosette en a les larmes aux yeux et elle dit : « Ah, mon Dieu, est-ce possible que j'aie été si mince ? » Maman me faufile l'ourlet et la robe a l'effet d'une bombe. Toutes les élèves me regardent avec admiration. Je suis une star.

Oncle Élias fume le cigare. L'odeur du Monte Cristo est liée à son visage avenant agrémenté de lunettes à monture transparente, d'une fine moustache et d'un sourire ouvert. Lui aussi admire mes reparties et mon accent français. Il adore sa femme et il est férocement jaloux du moindre regard que l'on peut poser sur elle. Donc, dans les soirées, elle n'a le droit de danser qu'avec lui, alors que mes parents et les autres couples échangent les partenaires pour les valses et les rumbas. Et puis, elle n'a pas le droit de conduire, oncle Élias étant de l'école de l'ancienne Syrie de ses aïeux, dont il a par ailleurs gardé l'accent. Il dit que ce n'est pas séant pour les femmes de conduire l'automobile. Et enfin, comble de tout, il ne permet pas à tante Rosette de porter un pantalon, car il trouve que « ça montre les jambes et les fesses ». Mais c'est un beau couple harmonieux et très drôle. Ils sont souvent chez nous le soir pour l'heure du whisky. Ils ont une gouvernante fiable qui s'appelle dada

Mabrouka et qui s'occupe de mes cousins. Mais ils ont surtout la glorieuse tante Naïma, qui vit, bien sûr, avec son fils unique, qui tient de main ferme leur maison et qui a son mot à dire sur l'éducation des enfants, ce que tante Rosette semble très bien tolérer. Nous avons peur de cette tante Naïma, qui nous surveille tout le temps avec son regard bleu sévère et perçant.

Tante Rosette a la passion des bijoux. Pas n'importe lesquels, les gros et les chers, diamants, rubis, émeraudes et perles. Elle sait bien les choisir, les évaluer, et surtout marchander jusqu'à épuisement du bijoutier pour casser le prix annoncé. Aussi, ses belles-sœurs lui demandent de les accompagner au souk de l'or quand elles veulent s'en choisir un. Oncle Élias lui en offre régulièrement, elle les porte toujours avec élégance. Ma grand-mère dit qu'elle lui en laissera des siens, dame Naïma aussi, ce qui fait de tante Rosette une sorte de princesse couverte de pierres précieuses.

Quand on entre chez tante Rosette pour déjeuner, ça sent le paradis grâce au talent de dame Naïma pour la cuisine. À la période des biscuits de Pâques, n'en parlons pas. L'odeur du beurre clarifié, de la vanille, des noix, des dattes et de la fleur d'oranger embaume l'atmosphère. Elle fait depuis cinquante ans la même recette de biscuits ramenée de sa Syrie natale, mais de deux différentes façons. Au beurre clarifié pur pour la visite et les voisins. À l'huile mélangée au beurre pour le personnel et les pauvres du quartier. Tante Rosette apprend de sa belle-mère la perfection et la mesure, et elle hérite aussi de ce souffle merveilleux de la bonne cuisine.

Tante Rosette habite un immeuble que possède son mari, situé sur la rue Kasr El Eini, à quelques mètres de chez mes grands-parents. Elle passe tous les jours les voir, et, depuis que ma grand-mère a eu sa thrombose, les filles et les belles-filles se relaient pour y passer la nuit. Voilà qu'une nuit où tante Rosette est de garde, elle entend des bruits de pas dans sa chambre. Pensant que mon grand-père s'est levé pour aller à la salle de bain, elle l'appelle. Personne ne répond, et soudain elle voit quelqu'un passer en courant. Elle se lève d'un bond, prend sa pantoufle de cuir et se met à courir derrière le voleur qui réussit à s'enfuir. Imagine un peu la rigolade du lendemain quand ses frères et sœurs ont appris l'histoire. Mon père lui disait : « Eh bien, Rosette, tu es vraiment le héros de la famille ! Tu allais taper sur le voleur avec la pantoufle comme si c'était un cafard. Bravo ! » Moi, je la trouve très courageuse. Et je me sens un peu minable parce que je crois que j'aurais tiré le drap sur ma tête et que j'aurais fait le mort jusqu'au matin.

Chère Momo,

Quelle chance tu as de mettre une vraie robe de mariée ! C'est plein de mariages dans ta famille, mais, pour ma part, je n'en ai qu'un seul à te raconter, celui de tante Marthe, et elle ne portait même pas de vraie robe de mariée blanche et bouffante. Tante Marthe est très jeune, tout comme ma tante Suzanne ; elles ont à peine dix ou douze ans de plus que moi, et je les trouve très belles toutes les deux. Je ne connais pas beaucoup tante Suzanne, parce qu'elle étudie au loin pour devenir infirmière, mais je vois souvent tante Marthe, qui est institutrice à l'école Supérieure située à deux pas de chez nous. Elle est même venue habiter avec nous quand j'avais trois ans. Mon grand-père Rodolphe en avait décidé ainsi : il ne voulait surtout pas que tante Marthe aille vivre seule en ville. Comme j'étais toute petite, je dormais dans la même chambre que mes deux frères afin de laisser à tante Marthe l'autre chambre, celle qui deviendrait la mienne plus tard.

Maman avait acheté un divan-lit pour que la chambre fasse boudoir en même temps. Tout était bien rangé dans la chambre de tante Marthe, ce qui contrastait avec le reste de la maison embourbée de jouets, de matériaux de construction et d'outils. Tante Marthe était si propre qu'elle grattait le dessous de ses souliers avec un couteau quand elle rentrait de son travail. C'était étrange parce que, de notre côté, on entrait et sortait de la maison sans que personne ne fasse attention à l'état de nos semelles.

Tante Marthe était très discrète et toute dévouée à son enseignement. Le soir, elle corrigeait des cahiers remplis de *a* et de *o* bien dodus tracés laborieusement par ses élèves entre deux lignes parallèles. Parfois elle collait des anges ou des étoiles sur les pages les mieux réussies. En la voyant faire, je me disais qu'un jour j'enseignerais moi aussi pour le plaisir de coller des anges et des étoiles.

Quand mon frère Pipot a commencé sa première année, tante Marthe l'aidait à faire ses devoirs avec maman, et moi, j'enregistrais tout. À la fin de l'année scolaire, les pipes à papa et les aventures de Léo et Léa n'avaient plus de secrets pour moi, et je m'amusais à lire le livre de mon frère jusqu'à la dernière page. Même si je n'avais que cinq ans, ma mère a demandé à tante Marthe de me faire entrer en première année. L'idée de quitter ma mère me terrorisait, mais tante Marthe m'a vite rassurée en me tenant par la main: «Tu verras, Loulou, que tu es capable de rester toute seule, et tu te feras des petites amies.» Au début, j'étais dans sa classe et je me sentais comme chez moi. Un peu trop, peut-être, parce que, quelques jours plus tard, on m'a donné une autre institutrice, beaucoup plus sévère, qui a pris la relève de ma bien-aimée tante Marthe.

Un soir de printemps, tante Marthe est venue nous présenter un jeune homme tout pimpant et souriant. Pipot m'a dit à l'oreille «Ce sont des amoureux» et nous avons pouffé de rire. Tante Marthe nous a alors annoncé ses fiançailles avec notre futur oncle Gaston, et papa, qui a une histoire pour chaque occasion, en a profité pour sortir celle de la bague à diamant: «Vous connaissez la jeune fille qui vient de se fiancer, mais dont personne ne remarque la bague? Tout à coup, en plein repas de fiançailles, elle soupire très fort, enlève sa bague et dit, comme ça: "Je crois que je vais enlever ma bague, il fait si chaud." » Et mon père s'est mis à rire tout seul très fort.

L'été suivant, j'ai assisté au mariage de tante Marthe, mon premier mariage, et je portais pour l'occasion une jolie robe verte brodée de smocks que ma mère appelle du « nid-d'abeilles » et que ma tante Simone m'avait faite. La réception a eu lieu dans la maison de grand-mère Adèle où il ne devait pas se servir une seule goutte d'alcool. Notre grand-papa Rodolphe avait été Lacordaire, ce qui veut dire qu'il était membre d'un groupe qui interdisait de boire, de posséder ou de servir de l'alcool. Grand-mère, par solidarité, faisait partie des Jeanne d'Arc, l'équivalent féminin des Lacordaire. Comme il y avait beaucoup de monde au mariage, nous pouvions nous promener dans toute la maison, y compris au sous-sol où se tenaient oncle Johnny et mes autres oncles. Ils se servaient des petits verres d'un liquide que les enfants n'avaient pas le droit de boire. Oncle Johnny affirmait que, si on en buvait, on se brûlerait la langue et on ne pourrait plus parler. Nous n'en faisions pas de cas, mais les oncles semblaient avoir beaucoup de plaisir à se brûler la langue sans que cela ne les empêche de parler. Même mon père allait parfois « discuter » avec eux au sous-sol, et quand il remontait, il m'appelait la Coucoune devant tout le monde, ce qui me faisait rougir de bonheur.

J'adore les mariages, Momo. C'est tellement fou !

Postface

C'étaient là nos perceptions de cette vie qui grouillait d'amour et de désirs, de chagrins et de pertes, de biscuits et de gâteaux, de tout ce qui fait que l'enfance baigne dans une potion d'énergie pour l'avenir, qu'on soit en Égypte ou au Québec. Ce n'était rien d'autre que notre vérité d'enfant selon ce que le souvenir nous en a laissé. Nous sommes conscientes que cette vérité est bien relative, c'est pourquoi nous avons changé les noms de tous nos parents, entraînant ainsi d'autres vérités chez nos lecteurs, comme un kaléidoscope de l'époque où, même si nous vivions tous ensemble, nous avions le soir venu l'exclusivité de nos émotions, de nos joies, de nos peines.

Loulou a eu un petit frère de plus, et plus tard elle a eu deux fils, et même un petit-fils. Momo a émigré à Montréal où elle a eu un fils. Plusieurs de nos proches sont morts, nos grands-parents, le père de Momo, les parents de Loulou, ainsi que plusieurs de nos oncles, de nos tantes. Un peu de leur vie reste dans notre cœur, notre véritable pays, et dans les mots que nous avons écrits.

LOUISE DESJARDINS et MONA LATIF-GHATTAS
Rouyn-Noranda et Montréal, 1998-2004

Table

Ouverture 9

Nos parents

Le père de Momo 13
Le père de Loulou 17
La mère de Momo 22
La mère de Loulou 26

Nos frères et sœurs

Razzouk, frère de Momo 33
Pipot, frère de Loulou 40
Sonia, sœur de Momo 44
Toutou, frère de Loulou 46
Chérine, sœur de Momo 49
Willie, frère de Loulou 52

Nos grands-parents

Grand-père Jacques de Momo 57
Grand-père Onésime de Loulou 61
Grand-mère Victorine de Momo 64
Grand-mère Angélique de Loulou 70
Grand-mère Mariam de Momo 74
Grand-mère Adèle de Loulou 78
Grand-père Razzouk de Momo 81
Grand-père Rodolphe de Loulou 84

Nos oncles et nos tantes

Oncle Karim de Momo 91
Oncle Félix de Loulou 95
Oncle Rafik de Momo 98
Oncle Eustache de Loulou 100
Tante Joséphine de Momo 103
Tante Colette de Loulou 106
Tante Irène de Momo 109
Tante Simone de Loulou 114
Oncle César de Momo 119
Oncle Moineau de Loulou 124
Oncle Freddy de Momo 127
Oncle Doudou de Loulou 132
Tante Marguerite de Momo 134
Tante Mimi de Loulou 138
Tante Rosette de Momo 141
Tante Marthe de Loulou 145

Postface 149

Distribution en librairie (Québec et Canada):
Diffusion Dimedia
Tél.: (514) 336-3941/Téléc.: (514) 331-3916 ou 1-800-667-3941

Distribution en Égypte :
Librairie Plaisir de lire
Tél.: (202) 418 25 26/Téléc.: (202) 226 71 01
nm31@hotmail.com

Distribution à l'étranger:
Exportlivre
Tél.: (450) 671-3888/Téléc.: (450) 671-2121
exportlivre@cyberglobe.net

Diffusion en Europe:
La Librairie du Québec à Paris/Distribution du Nouveau Monde
Tél.: 01 43 54 49 02/Téléc.: 01 43 54 39 15
liquebec@noos.fr